Michaela Freifrau Heereman

Zur Freiheit erziehen

Michaela Freifrau Heereman

Zur Freiheit erziehen

Wie Kinder zu selbstbewußten und verantwortlichen Menschen werden

SANKT ULRICH VERLAG *life*

Bibliografische Information Der Deutschen Bibliothek

Die Deutsche Bibliothek verzeichnet diese Publikation in der Deutschen Nationalbibliografie; detaillierte bibliografische Daten sind im Internet über http://dnb.ddb.de abrufbar.

Umschlaggestaltung: UV Werbung, Mediengruppe Sankt Ulrich Verlag, Augsburg
Titelbild und Bilder im Innenteil: MEV
Druck und Bindung: Ludwig Auer GmbH, Donauwörth
Printed in Germany
ISBN 3-936484-06-6
www.sankt-ulrich-verlag.de

INHALT

… dann wachsen die
Flügel von alleine

… dann wachsen die Flügel von alleine

Eines Tages stellten mein Mann und ich fest: Die Kinder sind flügge! Die Älteste dolmetscht in Indien, der zweite studiert in Rom, der dritte arbeitet während der Semesterferien in einem Behindertencamp im Libanon, der vierte leistet bei den Maltesern Aufbauhilfe im Kosovo, der fünfte hat kürzlich beschlossen, seine Schulzeit in Frankreich fortzuführen. Nur die sechste, die Jüngste, ist zum Glück noch zu Hause, frisch eingeschult ins Gymnasium.

Wir waren bei dieser Momentaufnahme ehrlich verblüfft. Sollten das unsere Kinder sein, die gerade noch am Rockzipfel hingen? Die jeden Versuch der Eltern hintertrieben, die Leine zu lockern und sie z. B. am Wochenende bei Freunden übernachten zu lassen oder für einen Schüleraustausch zu begeistern? Die schönsten Ferieneinladungen verwarfen zumindest die Söhne sofort. Ankündigungen der Eltern, Bekannte besuchen zu wollen, forderten unweigerlich die Frage heraus: „Haben die Kinder?“ Wenn ja, so versuchten unsere Sprößlinge, das Vorhaben möglichst zu verhindern. Sie waren sich selbst genug. Zu Hause fühlten sie sich sicher. Die Rangordnung war ausgekämpft, die Rollen bis auf weiteres verteilt. Daheim schmeckte es am besten, spielte es sich am besten, stritt es sich am besten … Und plötzlich sind sie weg. Ein beherzter Sprung vom Nestrand weg am Ende der Schulzeit, und sie können fliegen. Für die „hinterbliebenen“ Eltern zugegebenermaßen nicht ganz leicht, und schon gar nicht für die kleine Schwester. Aber richtig und erfreulich allemal. Wollten wir die Kinder etwa nicht zu le-

Und plötzlich sind sie weg

bensfrohen, interessierten, zupackenden, verantwortungsfreudigen und bindungsfähigen Menschen erziehen? Daß uns das bisher gelungen ist, darin sah ich allerdings mehr Glück als Verstand, will sagen: mehr Geschenk als eigene Leistung.

Warum schreibe ich dann ein Buch zu diesem Thema, noch dazu als ausgewiesene Nicht-Fachfrau? Ich habe kein Diplom in Pädagogik oder Psychologie vorzuweisen. Ich bin Theologin, und das hat, zumindest auf den ersten Blick, mit dem alltäglichen Erziehungsgeschäft nichts zu tun. Hinzu kommt die ungewöhnlich hohe Kinderzahl. Häufig begegnen mir Menschen, die daraus einen merkwürdigen Schluß ziehen. Wer freiwillig so viele Kinder hat, meinen sie, der hat doch keine Ahnung! Dahinter steckt vermutlich die Überlegung, daß ein Paar mit sechs Kindern entweder verrückt sein muß oder so reich, daß es sich gar nicht vorstellen kann, wo normale Familien der Schuh drückt. In einem Punkt haben die Zweifler recht: Wir sind tatsächlich verrückt, nämlich verrückt auf Kinder und Familie. Was das Finanzielle anlangt, so konnte ich mich ungezwungen zwischen Familie und Beruf entscheiden. Das ging bei mir zugunsten der Familie aus, wenn auch nicht restlos. Mit dem Glück einer Hilfe im Haushalt war es mir bis heute möglich vormittags ein paar Stunden am Schreibtisch zu sitzen und in begrenztem Umfang freiberuflich tätig zu bleiben.

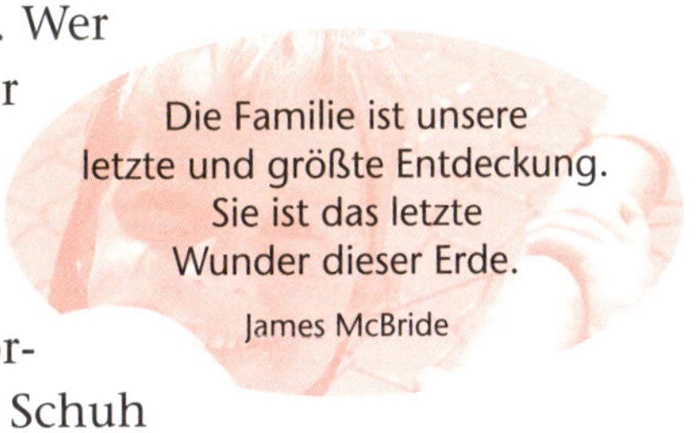

Noch einmal also: Warum schreibe ausgerechnet ich dieses Buch? Weil mir selbst die Erfahrungen anderer oft hilfreich waren, und weil gute Erfahrungen ansteckend wirken. Weil mir Kinder und Familie am Herzen liegen. Die Spatzen pfeifen es von den Dächern: In unserem Land ist es um die Familie und daher auch

um die Kinder nicht allzugut bestellt. Die *Wiege der Menschlichkeit* hat Theodor Heuß, der erste deutsche Bundespräsident, die Familie genannt. Sie in diesem Sinne zu gründen und zu leben wird einem in Deutschland aus äußeren und inneren Gründen ziemlich schwer gemacht. Die äußeren Gründe im weiten Feld der politischen und wirtschaftlichen Rahmenbedingungen sind nicht mein Thema. Mir liegen die inneren Bedingungen eines glückenden Aufwachsens der Kinder am Herzen. Mir geht es um das, was wir Eltern trotz aller äußeren Widrigkeiten dazu beitragen können, daß unsere Kinder eines Tages voll Hoffnung, Lebenslust, zupackender Neugier und Verantwortungsbereitschaft in ihr eigenes Leben starten. Weil glückliche Kinder der Traum aller Eltern sind, will dieses Buch Eltern Mut, ja Lust auf das große Abenteuer Familie machen. Es ist ein Abenteuer, in dem es nicht zuletzt um das Mensch-Werden und Mensch-Sein der Eltern mit Hilfe ihrer Kinder geht.

Und noch etwas: Wenn ich im Folgenden, besonders dann, wenn es um die ersten drei Jahre im Leben eines Kindes geht, überwiegend von Müttern und nicht im gleichen Maße von Vätern spreche, dann bitte ich, mir zu glauben, daß ich keineswegs ein Verfechter des „Heimchens am Herde“ bin. Mein eigenes Leben würde mich hier Lügen strafen.

Der weibliche Beitrag

Ich bin davon überzeugt, daß Politik und Gesellschaft dringend des weiblichen Beitrages bedarf. Schulpolitik, Städte- und Verkehrsplanung, Wohnungsbau, Gesundheitspolitik und Krankenhausorganisation, Personalpolitik der Betriebe, – das sind nur Beispiele – würden anders ausschauen als jetzt, wenn Frauen mit Familienerfahrung an entscheidender Stelle mit zu reden hätten. Politiker und Wirtschaftsleute müssen endlich Bedingungen schaffen, unter denen die im wahrsten Sinne des Wortes not-wendige Familienphase so gelebt werden kann, daß nicht das endgültige Aus für erwerbstätige Mütter bedeutet.

Es ist nicht einzusehen, warum Zeitsoldaten, die 12 Jahre dem Vaterland gedient haben, Übergangsgelder und Wiedereingliederungshilfen bei der Suche nach einem Arbeitsplatz bekommen, während Mütter beim gleichen Vorhaben leer ausgehen. Obwohl auch sie das Vaterland verteidigen: gegen Überalterung und Verkrustung, Kälte und Egoismus und den Kollaps unserer Sozialsysteme. Es ist auch nicht einzusehen, warum es bei uns nur halb so viele Teilzeitstellen wie in den Niederlanden gibt. Umfragen zeigen, daß die meisten

Frauen nach solchen Stellen Ausschau halten, weil sie neben ihrer Arbeit noch Herz, Hirn und Hände für ihre Kinder frei haben wollen. Aus ideologischen Gründen werden da die Weichen falsch gestellt.

Wenn ich dennoch die Vereinbarkeit von Familie und Beruf nach wie vor für ein typisches „Mütter"- und nicht Väterproblem halte, dann liegt dies nicht an meiner mangelnden Emanzipation, sondern schlicht und einfach an meinem Realismus. Den meisten Frauen liegen Pflege und Erziehung ihrer Kinder näher als den meisten Vätern. Warum das so ist und wir gut daran tun, diesen Unterschied ernst zu nehmen, kann der Leser dem Kapitel „Adam oder Eva? entnehmen. Nur mit Realismus, nicht mit ideologischen Voreingenommenheiten oder Wunschdenken können wir unseren Kindern gerecht werden. Nur dann werden sie glücklich, und wir mit ihnen.

Satt werden an Leib und Seele

Was Kinder wirklich brauchen

Wichtige Erkenntnisse aus Psychologie, Biologie, Verhaltens- und Hirnforschung

Krippen sind Einrichtungen für Eltern

Von Lust und Frust in der Mutterbrust

Satt werden an Leib und Seele

23 und 28 Jahre alt waren wir, als unser erstes Kind geboren wurde. Mein Mann leistete seine Referendarzeit ab, damals wie heute mit etwas Glück eine sehr familienfreundliche Angelegenheit. Ich steckte noch mitten im Studium, ging in Vorlesungen und Seminare. Kein Problem, solange mein Mann die Kleine hüten konnte. Schwierig wurde es erst, als er nach dem zweiten Staatsexamen in den stark fordernden Beruf einstieg. Wohin jetzt mit dem Baby, wenn ich in die Uni mußte? In der großen Trauer nach dem Tod meines Vaters fand sich auf einmal auch etwas Gutes. Meine frisch verwitwete Mutter bot sich mit Elan als „Tagesmutter“ an, und ich konnte unbeschwert mein Studium fortsetzen. Morgens brachte ich die Kleine zu ihr, am frühen Abend holte ich sie wieder ab. Eigentlich ideale Bedingungen. Nur eines wunderte mich: Verabschiedete ich mich von unserem sechs Monate alten Töchterchen, weinte es bitterlich. Holte ich es abends erwartungsvoll ab, dann wandte es sein Köpfchen weg, klammerte sich manchmal an der Bluse der Großmutter fest oder weinte sogar bei der Übergabe. Das ging so in unschöner Regelmäßigkeit, bis ich später mit der Kleinen, inzwischen etwas älter als ein Jahr, zuhause fürs Examen lernen konnte.

Baby – wohin?

Erst als unser zweites Kind auf die Welt kam, und ich nicht mehr Studentin, sondern ganz Mutter war, wurde mir klar, was für einen seelischen Streß ich unserer Ältesten in ihren ersten Lebensmonaten zugemutet hatte. Ob sie wohl deshalb ein ziemlich anstrengendes und leicht zu verunsicherndes Kleinkind wurde? Sie folgte mir überallhin. Sie belagerte mich ständig. Sie klebte förmlich an mir. Noch auf der Toilette hätte sie sich am liebsten mit mir niedergelassen. Irgendwie schien sie sich meiner Liebe und meiner verläßlichen Gegenwart nicht ganz sicher zu sein. Wie sollte sie auch? War ich doch monatelang jeden Tag stundenlang spurlos verschwunden, um abends wie aus dem Nichts wieder aufzutauchen. Diese bedrohliche Erfahrung hatte sich ihr tief eingeprägt, und es dauerte lange, bis die Verlustangst überwunden war. Glücklicherweise hatte ich sie vier Monate lang voll gestillt, so daß die ursprüngliche Erfahrung von Liebe und Verläßlichkeit in ihrer kleinen Seele wieder die Überhand gewinnen konnte.

Was Kinder wirklich brauchen

Es gibt eine unbequeme Wahrheit. Sie ist heute, da die Rückkehr auf den Arbeitsmarkt nach längeren Familienphasen nicht leichter wird, vermutlich noch unbequemer ist als zuvor. Diese Wahrheit lautet:

Kleine Kinder brauchen spätestens ab dem dritten Monat eine beständige Bezugsperson, aus deren liebevoller Zuwendung sie jenes Vertrauen entwickeln können, das die Grundlage für die Entwicklung einer gesunden Persönlichkeit bildet.

„Urvertrauen" ist Seinsvertrauen. Es gibt uns die Sicherheit, daß es gut ist, da zu sein, weil das Leben es im Grunde gut mit uns meint. Es läßt uns glauben, daß unser Leben einen Sinn hat, daß jedes Menschenleben lebens- und liebenswert ist und daß es folglich geschützt und geachtet gehört. Nur wer von einer beständigen Bezugsperson Liebe, Schutz und Achtung erfährt, entwickel Uvertrauen.

Diese unentbehrliche Bezugsperson ist für gewöhnlich die leibliche Mutter des Kindes, und das soll auch so sein. Der Normalfall ist der Idealfall.

Schließlich ist die Mutter die einzige Person auf der ganzen Welt, mit der das Baby, wenn es zur Welt kommt, schon eine Lebensgeschichte von neun Monaten teilt. Mutter und der Vater sind gewöhnlich diejenigen Menschen, die das Kind am meisten lieben, d.h. die sich ernsthafter und nachhaltiger für das Wohlergehen des eigenen Kindes engagieren als irgendjemand sonst. Elternliebe gründet tiefer als der Einsatz auch der besten fremden Pflegeperson. Denn nur die Eltern sind mit der Zukunft ihres Kindes gleichsam verheiratet. Eltern bleiben wir ein Leben lang.

„Aber …" höre ich Sie an dieser Stelle sagen und ich gebe Ihnen durchaus recht. Normal- und Idealfall heißt nicht, daß es anders nicht geht. Wenn ich im Folgenden den kaum zu ersetzenden Beitrag der Eltern, besonders der Mutter, während der ersten Lebensjahre des Kindes herausstelle, dann möchte ich damit nicht denen ein schlechtes Gewissen machen, die den Einsatz für ihre Kinder anders regeln *müssen*. Ich möchte auch nicht bestreiten, daß es in Ausnahmefällen dem Wohl des Kindes dienen kann, es seinen Eltern zu entziehen. Jede familiäre Situation ist besonders, jede Ehe oder Partnerschaft hat ihre eigenen Bedingungen, jedes Kind ist einmalig. Hier verkraftet eine Zweijährige die Fremdbetreuung problemlos, während dort ein Dreijähriger mit dem Kindergarten total überfordert ist. Die einen entwickeln sich selbst unter ungünstigen Bedingungen erstaunlich gut. Andere wiederum haben trotz bester Startbedingungen große Probleme, zu seelisch stabilen, glücklichen Menschen heranzureifen. Elternschaft kann man also nicht über einen Leisten

Ausnahmen gibt es immer

scheren. Dennoch gibt es einige grundsätzliche Erkenntnisse über die Voraussetzungen für eine glückende Kindheit, die wir nur zum Schaden unserer Kinder ignorieren können.

Die Erfahrungen der ersten Lebensjahre legen, das weiß man heute besser als früher, das Fundament für die gesamte Persönlichkeitsentwicklung eines Menschen: für seine seelische und geistige Orientierungsfähigkeit, also für Lebensmut und Lebensfreude, Selbstbewußtsein, Bindungsfähigkeit und Verantwortungsbereitschaft, ja sogar für seine Intelligenz.

Gerade weil ich auf diesem Gebiet selbst Fehler gemacht habe, liegt mir daran, die Frage nach der Vereinbarkeit von Familie und Beruf einmal anders zu stellen. Ich betrachte das Problem nicht aus dem Blikkwinkel der Frauen – unsere Fürsprecher beherrschen inzwischen die Szene –, sondern von den Bedürfnissen der Kinder her. Denn sie sind die Schwächeren, die Schutzbedürftigeren. Um ihre Kindheit geht es, um ihren Start ins volle Leben, den man nicht wiederholen kann, wenn er einmal verpatzt wurde. Es geht um die nächste Generation und folglich auch um die Zukunft unserer Gesellschaft. Das müssen alle Eltern wissen, für welchen Weg auch immer sie sich entscheiden. Es ist unsere Verantwortung, die unterwegs gegebenen Risiken richtig einzuschätzen und unsere Kleinkinder nicht hilflos den Gefahren auszuliefern.

Kinder brauchen in den ersten Jahren die Liebe der Eltern. Sie brauchen ihre Zeit, ihre Zuwendung und ihre Zärtlichkeit. Diese einfache Wahrheit wird theoretisch bejaht und praktisch vernachlässigt. Bestes Beispiel für den unrealistischen Umgang mit den Bedürfnissen von Kleinkindern ist ein Wahlplakat für den Bundestagswahlkampf 2002. Es zeigt eine strahlende junge Mutter mit einem vergnügten Baby auf dem Arm und textet locker: „Klar ist Mutter ein Beruf. Aber dank unserer Ganztagsbetreuungen nicht Ihr einziger."

„Klar ist Mutter ein Beruf…"

In Wirklichkeit ist es nicht so locker. Wenn das Kind tatsächlich einen ganzen Arbeitstag, also sechs bis acht Stunden lang, von seiner Mutter getrennt ist, dann verbringt es den größten Teil seines täglichen Wachseins ohne die Eltern. Was diese für ihr Kind übrig haben, müssen sie in die kurze Zeit zwischen Aufstehen, Wickeln, Füttern, Anziehen, selber Frühstücken und Abmarsch in die Kindertagesstätte pressen, um pünktlich zur Arbeitsstelle zu kommen. Das ist eine häusliche rush-hour, die der im Berufsverkehr nicht nachsteht. Ich kenne das aus eigener Erfahrung, als ich mit drei Kindern im Alter von sechs Monaten bis zu fünf Jahren am Gymnasium unterrichtete. Hektik beherrscht die Morgenstunden, und die Kinder müssen sich, so klein sie auch sein mögen, bedingungslos dem Tempo der Großen anpassen. Von Ruhe bei den Eltern und Gelassenheit im Umgang mit den Kindern kaum eine Spur.

Bleibt der Abend. Die Eltern haben einen langen Arbeitstag hinter sich und sind mehr oder weniger geschafft. Das aus der KiTa geholte Kleinkind ist quengelig, weil es auf seine Weise versucht, die versäumten Streicheleinheiten von Mutter und Vater einzufordern. Wiederum eine wahre Stoßzeit für häusliche Lebensbewältigung! Einkaufen, Aufräumen, Saubermachen, Ko-

chen, Wäsche ... all das braucht seine Zeit. Nur bei wachem Problembewußtsein und viel Energie bleibt da noch Platz für Zärtlichkeit und Zuwendung. Das gilt übrigens auch für die Paarbeziehung, die genauso auf Zeit, Zuwendung und Zärtlichkeit angewiesen ist wie die Elternschaft. Oft genug erweist sich denn auch der Streß eines überladenen Alltags eher als Sprengstoff denn als Bindemittel für die Partnerschaft.
Der gesunde Instinkt für diese Gefahren wird geschwächt, wenn wir uns von Politik, Wirtschaft und Medien etwas vormachen lassen. Wenn junge Eltern wüßten, welche Anstrengungen und Gefährdungen sie ihren Kindern mit einer auswärtigen Ganztagsbetreuung zumuten! Die Sorglosigkeit, zu der man sie verlockt, ist unbegründet. Mütter und Väter, die sich zur Fremdbetreuung ihres Kleinkindes gezwungen sehen, sollen wissen, daß dies mit Risiken verbunden ist, die sie durch eine bewußte und intensive Zuwendung zu ihrem Kind absichern müssen. Das gilt um so mehr, je weniger gemeinsame Zeit in der Familie bleibt.

Die Mütter, die finanziell in der glücklichen Lage sind, zwischen Familie und Beruf wählen zu können, sollen den Mut finden, sich wenigstens in den prägenden ersten Jahren für ein Leben mit ihrem Kind zu entscheiden.

Wer ist wirklich frei?

Immer wieder staune ich, wie unbefangen vor allem akademisch gebildete junge Frauen ihr Kind in fremde Hände geben. Sie vertrauen darauf, daß das, was offenbar gang und gäbe ist, nicht falsch sein kann. Eine junge Ärztin erzählte mir, sie habe sich auf der Station geradezu rechtfertigen müssen für ihren Entschluß, nach der Geburt ihres Kindes für mindestens drei Jahre zu Hause zu bleiben. Ihrem Argument, Krippen seien nur eine Notlösung, und sie sei nun mal nicht in Not, wurde immer wieder mit dem verblüfften Einwand „Aber das tun doch alle!“ begegnet.

Es ist Zeit, all jene zu bestärken, die sich auf Kinder und Familie eingelassen haben. Es lohnt sich! Das Lebensglück der Kinder ist auch das Lebensglück der Eltern. Je mehr Liebe – und das bedeutet Zeit, Zärtlichkeit und Zuwendung – wir in den ersten Jahren einsetzen, desto unkomplizierter, lebenslustiger und lebenstüchtiger werden unsere Kinder sein.

Wichtige Erkenntnisse aus Psychologie, Biologie, Verhaltens- und Hirnforschung

Spätestens seit den Forschungsarbeiten des großen Kinderpsychologen René Spitz weiß man um die entscheidende Bedeutung der ersten drei Jahre im Leben eines Menschen.

Was erlebt ein Säugling denn schon? So fragt vielleicht mancher. Ein Baby schläft und trinkt doch bloß. Wer es da versorgt, wird doch ziemlich egal sein. Irrtum! Ein Baby nimmt viel mehr wahr, als man bis in die 70er Jahre hinein vermutete. Schon im Mutterleib entstehen die ersten, später nur schwer zu verändernden Konturen seines Weltbildes. Es merkt an Stimme oder Herzschlag der Mutter, ob diese guter Dinge ist. Es „weiß" auch, durch eine Art von „Tiefenkommunikation" mit seiner Mutter, ob es erwünscht und mit Freude erwartet wird oder ob Angst und Ablehnung im Herzen der Mutter vorherrschen. Folgen solch unterschiedlicher Erfahrungen im Mutterleib zeigen sich nach der Geburt. Gesunde Neugeborene zufriedener Mütter schreien meist weniger, sie trinken besser, sind ausgeglichen und in sich ruhend und bewegen sich in Wachzeiten mehr als Kinder ablehnender, ängstlicher oder depressiv verstimmter Mütter.

Säuglinge wissen mehr, als man denkt

Wenn schon das ungeborene Kind die Einstellung seiner Mutter wahrnimmt, um wie viel mehr dann ein Säugling. Er erkennt direkt nach der Geburt die Stimme seiner Mutter und – davon bin ich überzeugt – auch die seines Vaters. Als mein Mann mich am Morgen nach der Geburt unserer Jüngsten wieder besuchte, und die Kleine seine Stimme hörte, machte sie die Augen auf und wandte den Kopf in seine Richtung. Eine Reaktion, die weder die Hebamme, der Doktor oder die Schwestern während des Morgens ausgelöst hatten. Diese kleine Szene rührte mich an; es war, als habe die Kleine gedacht: „Ah, da ist er ja wieder, jetzt sind wir vollzählig …"

Auch Bilder können Neugeborene schon bald nach der Geburt unterscheiden. Zieht sich die Mutter beim Stillen eine Maske über, so sind schon 8 Tage alte Säuglinge irritiert. Sie trinken weniger, sind unruhig und schlafen nicht so schnell ein.

Kurz: Säuglinge und erst recht Kleinkinder machen sich ein sehr genaues Bild von der sie umgebenden Welt. Und dieses Bild dient ihnen in der Regel ein Leben lang als innere Orientierungskarte.

Erlebt das Baby eine liebevolle, zärtliche und zunehmend kompetente Betreuung durch die immer gleiche Bezugsperson, im Normal- und Idealfall die eigene Mutter, dann entwickelt es ein positives Bild dieser Welt und es wird selbstbewußt, vertrauensvoll und unbefangen ins Abenteuer Leben starten. Bleibt aber das Weinen eines Kindes stundenlang unbeantwortet, bietet ihm die Mutter gar ein ablehnendes Gesicht und eine harte Stimme, reagiert ungeduldig, unfreundlich und unberechenbar auf seine Signale, oder sind es ständig wechselnde, emotional nicht beteiligte Betreuer, die es füttern und wickeln, dann wird das Kind seine Umwelt als schwierig, vielleicht sogar als feindlich einstufen später selbst abweisend, mißtrauisch, ängstlich oder gar aggressiv auf seine Mitmenschen reagieren.

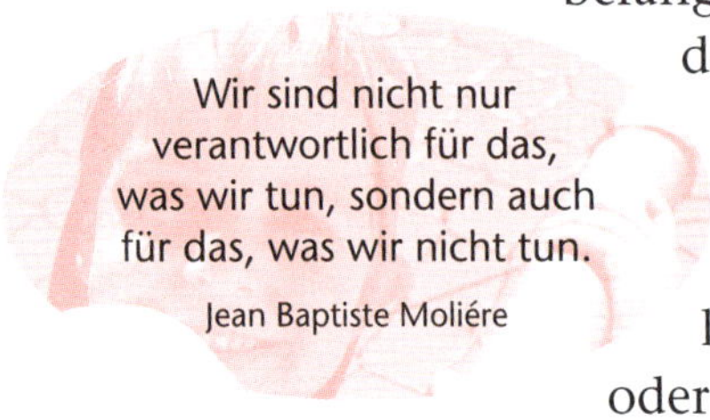

Wir sind nicht nur verantwortlich für das, was wir tun, sondern auch für das, was wir nicht tun.

Jean Baptiste Moliére

Kinder brauchen Ekstase

In seinem Buch „Die bedrohte Intelligenz“ schreibt der bekannte Psychiater und Kinderarzt Stanley Greenspan: „Ohne ein gewisses Maß an ekstatischem Umworbenwerden von wenigstens einem Erwachsenen, der das Kind vergöttert, wird dieses möglicherweise … sich nie der magnetischen Anziehungskraft menschlicher Beziehungen überlassen, in anderen niemals vollwertige Menschen sehen, die das empfinden können, was es selbst empfindet … Das Kind läuft Gefahr, sich nur noch mit sich selbst zu beschäftigen oder zu einem gefühllosen, ichbezogenen, aggressiven Menschen zu werden, der andere ohne Gewissensbisse oder Reue zu verletzen vermag.“

Wo die Liebe fehlt, kann der Mensch zum Unmensch werden …

Die Kunst des Liebens lernen

Der Blick auf die Biographie von Gewaltverbrechern bestätigt diese These. Signifikant häufig mußten sie schon als Kleinkinder eine „Heimkarriere" starten. Kaum je erlebten sie die verläßliche Liebe eines Erwachsenen, jene wichtigste Voraussetzung, um von klein auf eine positives Selbstwertgefühl zu entwickeln. Wie soll jemand die Kunst des Liebens erlernen, der selbst nie geliebt wurde? Solchen Menschen fehlt es an Empathie, an der sozialen Fähigkeit, sich in andere hineinzuversetzen und mit ihnen zu fühlen. Dieser Mangel erklärt die furchtbare Gleichgültigkeit und Gefühlskälte mancher Täter gegenüber ihren eigenen Taten und Opfern.

Letztlich hängt wohl auch die Gewissensbildung eines Menschen von der Erfahrung der Liebe ab. Wer sich nie an einen Menschen binden durfte, kann sich offenbar nur schwer für das Gute entscheiden und ihm anhangen.

Wenngleich solche Lebensläufe als Folge extremer Vernachlässigungen glücklicherweise sehr selten sind, so zeigen sie doch die Richtung an, aus der unsern Kindern Gefahr droht. Man muß sich der unbequemen Frage stellen, ob nicht auch die virulente Gewaltbereitschaft ganzer Gangs junger Menschen in unserem Land etwas mit familiären Defiziten während ihres Säuglings- und Kleinkindalters zu tun haben könnte.

Bezeichnenderweise ist diese Form der Gewalttätigkeit von Neonazis, Skins und Punks, die sich ihre Opfer nicht selten unter Wehrlosen suchen, in Ostdeutschland deutlich häufiger anzutreffen als in den alten Bundesländern.

Der ehemalige Leiter des kriminologischen Institutes von Niedersachsen und spätere dortige Landesinnenminister Christian Pfeiffer sieht die gefährliche, nicht selten tödliche Gewaltbereitschaft ostdeutscher Neonazis im Zusammenhang mit der flächendeckenden Krippenbetreuung von Kleinkindern in der damaligen DDR.

Vorbild DDR?

Spätestens ab dem ersten Lebensjahr wurden dort 85 % der Kleinkinder in Ganztagskrippen betreut. Das bedeutete für die Kleinen eine bis zu 10 Stunden täglich die Trennung von ihrer eigentlichen Bindungsperson. Kinder dieses Alters haben noch kein Zeitgefühl. Sie wissen nicht, daß sie heute abgeholt werden, wie sie gestern abgeholt wurden. Sie können den Grund der Trennung nicht einordnen und erleben das Verschwinden ihrer wichtigsten Bindungsperson wie eine unerklärliche Zurückweisung, wie ein Verlassenwerden, das womöglich jeden Tag neu wie ein bedrohliches Unglück erlitten wird.
Gelang es den Familien nicht, in der verbliebenen Familienzeit die Verunsicherung des Kindes bewußt durch besonders liebevolle Zuwendung auszugleichen, dann erlebte das Kind seine Welt von vorneherein als unwirtlich und gleichgültig.
Kam die in der ehemaligen DDR häufige autoritäre Erziehung hinzu, und wurden die Heranwachsenden nach der Wende zu allem Unglück von der hohen Arbeitslosigkeit betroffen, so konnte sich, vor allem bei jungen Männern, ein hochexplosives Gemisch ergeben. Wut, Trauer, mangelndes Selbstwertgefühl und wirtschaftliche Perspektivlosigkeit ballen sich zusammen. Ausländer dienen als Sündenbock für das eigene Unglück. An körperlich Schwachen, wie Rentnern und Behinderten, läßt man seine Wut aus. Der Psychologe Tilman Moser sieht darin einen „Zusammenhang von frühem Leid und später Rache."

Von Warnsignalen und Wachsamkeit

Auch dies sind Extrementwicklungen. Sie dürfen weder als Anklage gegen die ostdeutsche Jugend, noch gegen alle damaligen Eltern und Krippenerzieher in Anschlag gebracht werden. Gerade die Tatsache, daß es sich um Ausnahmefälle handelt – wenn auch in beunruhigend hoher Anzahl – läßt darauf schließen, daß Elternhäuser wie Krippen sich mehrheitlich mit Liebe und Engagement für die Kinder einsetzten und so den ungünstigen Bedingungen entgegen zu wirken suchten. Aber es sind Warnsignale und wir sollten aus den erkennbaren Schäden lernen. Wachsamkeit ist angebracht. Zwei gegenläufige Entwicklungen fordern Eltern heute heraus: Einerseits mahnen Erzieher, Lehrer, Ausbilder, aber auch Polizisten, Jugendrichter und Sozialfürsorger mit wachsendem Nachdruck mehr Zeit der Eltern für ihre Kinder an. Andererseits fordern Politik und Wirtschaft immer mehr Ganztagsbetreuungen für Kinder jeglichen Alters. Die einen, weil sie den Wünschen ihrer weiblichen Wähler entgegenkommen, die anderen, weil sie bei dem sich abzeichnenden Fachkräftemangel auf die jungen, gut ausgebildeten Frauen nicht verzichten wollen.
Die Frage ist nur, wie läßt sich das eine mit dem anderen vereinbaren, ohne daß es zu Lasten der Schwächeren geht, zumal beides die Tendenz zum „full-time-job“ hat.
Hier steht zunächst nur die Betreuung der Säuglinge und Kleinkinder zur Debatte.

In den ersten drei Lebensjahren werden die entscheidenden Weichen für die spätere Entwicklung des Menschen gestellt. In diesen prägenden Jahren muß der kleine Mensch sozusagen „liebessatt“ werden können.

Sein Bedürfnis nach Liebe, Nähe, Zärtlichkeit, Sicherheit und Geborgenheit darf nicht unterschätzt werden. Kein normaler Mensch läßt sein Kind ohne Not hungern. Ebensowenig darf man sein Bindungsbedürfnis übergehen. Biologen und Verhaltensforscher haben nachgewiesen, daß es ein genetisch vorprogrammiertes Basisprogramm ist, dessen Mißachtung schwerwiegende und nicht wiedergutzumachende Folgen hat.

Was verändern Krippen?

Zwar scheinen neuere Untersuchungen zu belegen, daß sich die Mutter-Kind-Bindung durch Krippenbetreuung nicht verändert. Aber auch überzeugte Krippenbefürworter warnen vor einer ganztägigen Betreuung in den beiden ersten Lebensjahren und leugnen nicht, daß die stundenlange Trennung des Kindes von seiner vertrautesten Person eine große Belastung bedeutet, die nur von qualitativ hochstehenden Krippen einigermaßen aufgefangen werden kann.

Wenig Herz, wenig Hirn. Viel Herz viel Hirn.

Unerwartete Schützenhilfe bekommen Psychologen, Kinderärzte und Verhaltensforscher, die vor einem allzu unbefangenen Ausbau der Krippenplätze für die Kleinsten warnen, seit kurzem von einer anderen, naturwissenschaftlichen Fachrichtung. Von Neurologen, genauer gesagt, von Hirnforschern.

Man weiß heute, daß Intelligenz keineswegs eine ausschließlich angeborene, bzw. ererbte Größe ist, sondern daß sie entscheidend von den frühesten Beziehungen und emotionalen Erfahrungen im Austausch mit der Mutter oder anderen Personen abhängt, auf die wir für unser Überleben angewiesen sind. Denn unser Gehirn ist zum Zeitpunkt der Geburt noch extrem wenig entwickelt. Kein anderes Lebewesen dieser Welt wird mit einem so „unfertigen“ Gehirn geboren. Auf Grund dieses nur begrenzt „vorprogrammierten“, dafür lebenslang „bildbaren“ und deshalb bildungsbedürftigen Gehirns ist der Mensch einerseits zu verblüffend unterschiedlichen, denkerischen und schöpferischen Großtaten in der Lage. Andererseits ist er aber auch extrem verletzlich; so daß es zu mehr oder weniger zerstörerischen Fehlentwicklungen kommen kann, bis hin zur monströsen Brutalität und Gewissenlosigkeit von Diktatoren wie Hitler, Stalin oder Saddam Hussein und ihrer vielen tausend Helfershelfer.

Schon seit einigen Jahren weisen amerikanische Hirnforscher immer wieder darauf hin, daß die organische Entwicklung des menschlichen Gehirns auf eine verläßliche, liebevolle, familiäre Betreuung in den ersten Jahren angewiesen ist. Nur in einer bergenden, streßfreien und ermutigenden Atmosphäre können sich die vielen Verschaltungen und Vernetzungen der Millionen von Gehirnzellen vollziehen.

Dem Kleinkind muß daher in seinen Wachzeiten ein zärtlicher, sprachlich und motorisch anregender Umgang mit seiner vertrauten Bezugsperson ermöglicht werden, der sich im Laufe der Zeit zu einem wachsenden Kreis möglichst unterschiedlicher, ihm aber emotional verbundener Menschen erweitern sollte.
Hat ein Kind hingegen Angst, weil es sich alleingelassen fühlt, oder zieht es sich resigniert in sich zurück, weil seine Signale nicht verstanden werden und der „Dialog“ mit der Pflegeperson nicht klappt, dann

unterbleibt diese Verknüpfung der neuronalen Zellen. Ganze Felder des Gehirns liegen gleichsam brach und es kommt zu schwer oder gar nicht korrigierbaren Fehlentwicklungen der geistigen Fähigkeiten.

Was sich in wissenschaftlicher Sprache so sachlich und trocken anhört, wird sofort anschaulich, wenn man einer einfühlsamen Mutter zuschaut, die das Glück hat, sich ohne innere und äußere Not ihrem Kind zuwenden zu können und sich von dem Wunder bezaubern zu lassen, die erste Liebe ihres Babys zu sein. Da kann man dieses „ekstatische Umworbenwerden“ beobachten, das Greenspan eines der elementaren Bedürfnisse der Kindheit nennt. Die mütterlichen Liebkosungen entlocken dem Säugling fröhliches Gurren und Kichern. Jedes seiner Grimassen spiegelt sich im Gesicht der Mutter. Es entspinnt sich ein mimischer „Dialog“, bei dem das Baby ein Erfolgserlebnis nach dem anderen einheimst. Beim Wickeln werden gymnastische Übungen gemacht, die jeden Erwachsenen in die Orthopädie, das Baby indes nur zu vergnügtem Glucksen bringen und ihm erste motorische Anreize bieten, sich die Welt durch Bewegung zu erobern. Möchte es schlafen, wiegt es die Mutter und singt ihm hoffentlich ein kleines Liedchen dazu. Das Mutter-Kind-Duo ist ein strahlendes Lächeln zur gleichen Zeit, ein gemeinsames Juchzen beim Schaukeln und Geschaukelt werden, ein Chor zungenfertiger Lautmalereien, die in jedem anderen Zusammenhang um die geistige Gesundheit der Mutter fürchten ließe, hier aber Mutter und Kind in gegenseitiges Entzücke versetzt.

Solch vielseitig liebevolle Reize versetzen das Baby nicht nur kurzfristig in gute Laune, sondern haben langfristig die wichtigsten Auswirkungen: Sie entzünden gleichsam ein neuronales Feuerwerk in seinem Gehirn. Unzählige Zellen vernetzen sich miteinander und bilden so die Grundlage der späteren Intelligenz des Kindes, seiner Wahrnehmungsfähigkeit, seines Sinnes für Sprache und seiner musischen Neigungen. Auch das räumliche Vorstellungsvermögen wird u.a. durch körperbetontes Spielen in der frühen Kindheit gefördert, z. B. wenn Väter ihre Kinder in die Luft werfen, was Müttern auf der ganzen Welt den Schweiß auf die Stirn treibt.

Das größer gewordene Kind kann vom Zufluchtsort des elterlichen Schoßes aus immer größere Streifzüge durch die Wohnung machen. Das Abenteuer wird um so spannender, je mehr Bereiche der Erwachsenenwelt ihm dabei gefahrlos offen stehen. Vor allem die Küche mit ihren klappernden Töpfen und Deckeln, mit gestapelten Plastikschüsseln und Holzkochlöffeln bieten ein nie endenwollendes Vergnügen. Wer als Mutter nervenstark genug ist, dem Kleinkind dieses Spielfeld der unteren Schubladen und Schränke nach einigem Umräumen und Sortieren zu überlassen, hat für seine geistige Entwicklung an einem Vormittag mehr getan, als dies die noch so gut ausgestattete, aber eben künstliche Kinderwelt der Krippe schon aus hygienischen und arbeitstechnischen Gründen je tun könnte.

Jeder hat so seine Ordnung

Krippen sind Einrichtungen für Eltern …

Womit wir wieder beim Thema wären. Selbst die beste Kinderkrippen mit den engagiertesten Betreuerinnen werden den Kleinen kaum je das oben beschriebene „ekstatische Umworbensein“ bieten können, das sie von ihren Eltern erfahren, wenn sie denn die nötige Zeit aufbringen und nicht zu sehr geplagt sind von materiellen oder psychischen Nöten. Auch die „reiche, fortgesetzte Interaktion“ zwischen Kind und Pflegeperson, die Greenspan als weiteres elementares Bedürfnis der Kleinkindheit ausmacht, kann eine institutionelle Fremdbetreuung aus Zeit- und Kostengründen nicht leisten. Das größte Defizit an solch einem fordernden und fördernden Austausch zwischen Kind und Betreuer stellt Greenspan in Kinderkrippen fest. Nochmals: Das Engagement des Krippenpersonals in allen Ehren, aber wie sollte eine Betreuerin von mindestens zehn gleichaltrigen Kindern deren Signale ebenso deuten und individuell und flexibel beantworten können, wie es eine Mutter vermag, die ihren Schatz 24 Stunden am Tag behütet, beobachtet und „bespielt“ und ihn eben nicht „nur“ als eines von mehreren „Teilzeitkindern“ in einer unvermeidlich sterilen, weil künstlichen Kinderwelt erlebt.

Sind 10 Kleinkinder nicht zuviel?

Alle Eltern, die ihr Kind während der ersten drei Lebensjahren in eine Krippenbetreuung zu geben, sollten sich zuvor ehrlich überlegen, wem zuliebe sie das tun.

Denn Krippen sind, so der tschechische Krippenforscher Matussek, eine Einrichtung für Eltern. Erst der Kindergarten sei wirklich ein Ort für Kinder. Will sagen: Die Krippe nützt im Normalfall den Eltern; das Kind würde sie sich nicht aussuchen; im Gegenteil. Die Anpassungsschwierigkeiten der Kleinen, wie z.B. Schlafstörungen, Appetitmangel, erhöhte Infektionskrankheiten, sowie Verzögerungen, bzw. sogar Zurükkentwicklungen in ihren Spiel- und Sprechaktivitäten zeigen, daß eine Krippe sich zunächst wie ein dicker Bremsklotz auf ihre Entwicklung auswirkt; es sei denn, man gönnt ihnen eine lange, sorgfältig vorbereitete und durchgeführte Eingewöhnungszeit.

Man sollte es sich also dreimal überlegen. Sind die Gründe für die Krippenbetreuung meines Kindes wirklich zwingend? Sind es finanzielle Notwendigkeiten, denen Alleinerziehenden oft unterliegen? Oder sind es psychische Probleme der Eltern, die eine ergänzende Betreuung des Kindes nahe legen? Oder sind es „nur" berufliche Gründe?

Das Wörtchen „nur" mag in diesem Zusammenhang provokant klingen. Das soll es auch. Bei den beruflichen Gründen handelt es sich nämlich meist um selbstgesetzte Prioritäten, die im Interesse des Kindes gründlich hinterfragt gehören. Die Frage lautet schlicht: Wer hat Vorrang und welchen Preis kostet die Entscheidung? Darf ich wirklich meine beruflichen Interessen auf Kosten der Lebensqualität meines Kindes, eventuell sogar zu Lasten seiner seelischen Stabilität durchsetzen? Ist es tatsächlich unzumutbar, drei Jahre beruflich zurückzustecken, um dem Kind die bestmöglichen Entwicklungsbedingungen zu schaffen?

Wer ist Anwalt der Kinder?

… denn sie wissen nicht, was sie tun

Nicht konservative Kulturkritiker, sondern nüchterne Neurobiologen fordern nachdrücklich ein Umdenken: „Es gibt viele Eltern", so der deutsche Professor Gerald Hüther in seinem Buch „Kinder brauchen Wurzeln", „die noch sehr stark mit sich selbst beschäftigt sind, denen ihre berufliche Karriere ungeheuer wichtig ist, die sich selbst verwirklichen, viel erleben und das Leben genießen wollen. Sie kümmern sich intensiv um ihr Aussehen, ihre Hobbies, ihre Wohnungseinrichtung … Meist tun diese Eltern ihre Pflicht, jedenfalls das, was sie für ihre Pflicht halten, und das bisweilen sogar besonders gut. Sie sorgen für eine besonders ausgewogene Ernährung, für Sauberkeit und hygienische Verhältnisse, ansprechende, modische Kleidung und beschaffen sich alle möglichen Gerätschaften, von denen sie glauben, sie seien wichtig für ihr Kind. Sie beruhigen ihr (schlechtes) Gewissen, indem sie das Kind nach Kräften verwöhnen. *Was ihr Kind aber wirklich braucht, nämlich daß sie ganz und gar da sind, daß sie sich ihm voll und ganz, also emotional, geistig und körperlich zuwenden, wenn es verunsichert ist und Angst hat, das schenken diese Eltern ihren Kindern nicht oder zumindest nicht dann, wenn diese es besonders dringend brauchen.* Deshalb sind solche Kinder oft ... gezwungen, den daraus resultierenden Mangel an emotionaler Sicherheit durch verstärkte Selbstbezogenheit zu kompensieren. So schaffen sie sich eine selbstbestimmte Lebenswelt und schirmen sich gegenüber fremden Einflüssen und Anregungen ab ... Es können keine vielfältigen neuen Erfahrungen gemacht und im sich entwickelnden Gehirn verankert werden. Wichtige Entwicklungsprozesse im kindlichen Gehirn finden nicht mehr oder nur eingeschränkt statt. Für das Lernverhalten der Kinder bedeutet dies Rückgang an Motivation, Verstehen, Behalten, Erinnern, erkennen von Zusammenhängen und eine eingeschränkte Fähigkeit im Erkennen und Lösen von Konflikten."

Seien Sie präsent!

In unserem Bekanntenkreis gibt es Eltern, die den oben beschriebenen in etwa gleichen. Vermutlich setzt keiner von ihnen die eigenen Interessen bewußt auf dem Rücken ihrer Kinder durch. Sie schwimmen einfach mit auf der Welle der anscheinend zeitgemäßen und auch noch finanziell einträglichen Art von Elternschaft: beide ganztägig berufstätig, Kinder anderweitig betreut. So machen es schließlich alle, so wird es ja auch in der Politik als aktuelles „familienfreundliches" Modell der Vereinbarkeit von Familie und Beruf propagiert. Wüßten sie jedoch, was sie tun, würde wahrscheinlich ein Großteil von ihnen versuchen, das Ruder herumzuwerfen und durch mehr häusliche Anwesenheit den Kindern die nötige Geborgenheit zu geben. Sie können es jedoch aus eigener Anschauung nicht wissen, denn die meisten Säuglinge und Kleinkinder scheinen nach den ersten Eingewöhnungsschwierigkeiten die familienferne Betreuung problemlos zu verkraften.

Häufig wird den Eltern die Rechnung erst später präsentiert: Konzentrationsprobleme und in ihrer Folge dauernde Schulsorgen, zunehmende Aggressivität, ständige Provokationen von Eltern und Lehrern, unerklärliche Lustlosigkeit auf allen Gebieten, der frühe Griff zu Alkohol, Zigaretten oder sonstigen Drogen können die Folge sein.

Kaum da und schon mutterseelen allein

Das Paradebeispiel für Ahnungslosigkeit bei gleichzeitiger Gutwilligkeit ist für mich eine gute Bekannte. Akademikerin wie ihr Mann, beide gut verdienend. Sie kehrte in ihren Beruf zurück, als das älteste Kind etwas über ein Jahr und das Baby gerade 6 Wochen alt war. Durch geschickte Organisation brachte sie es fertig, das Baby noch ein halbes Jahr weiter zu stillen. Wie wichtig Muttermilch ist, weiß die liebevolle, umwelt- und gesundheitsbewußte Mutter von heute schließlich sehr genau. Alles andere, also Haushalt und die Betreuung der Kinder, wurde einer verläßlichen „Kraft“ übertragen. Die machte zwar ihren Job gut, war aber emotional nicht beteiligt. Als die Kinder in die Schule kamen, versetzte ihr Sozialverhalten ebenso wie ihre mangelnde Lernbereitschaft alle Beteiligten in Angst und Schrecken.

Nach zwei äußerst unerfreulichen Schuljahren sprang die Mutter ins kalte Wasser mit den hochschlagenden Wellen familiärer Probleme, widmete sich ganztägig Kindern und Haushalt und – bekam nach einiger Zeit mit Begeisterung ein drittes und viertes Kind. Seitdem staunt sie darüber, wie problemlos kleine Kinder sein können, wenn man wirklich Zeit für Zärtlichkeit und Zuwendung hat. Das Gefühl, bei ihren Großen nicht nur Entscheidendes versäumt, sondern für sich Wunderbares verpaßt zu haben, macht ihr, wie sie sagt, manchmal zu schaffen. Dabei tröstet es sie allerdings, wie sehr sich ihre Großen verändert haben. Schulisch sind sie noch immer keine Selbstläufer, aber wenigstens sind die Hausaufgaben keine nervenzehrende Kraftprobe mehr. Noch viel wichtiger: Beide haben inzwischen echte Freunde und das provozierende Gehabe mit Schlägereien gehört endgültig der Vergangenheit an.

Was verpaßt man eigentlich?

Solche Probleme zu benennen ist wiederum „politisch unkorrekt". Zumal in einer Zeit, in der quer durch alle Parteien nach mehr Ganztagsbetreuung schon für die Jüngsten gerufen wird. Aber sie müssen um der Kinder willen, ja auch aus ökonomischen und politischen Gründen neu bedacht werden. Denn unsere Demokratie braucht auch in Zukunft verantwortlich handelnde und friedensfähige Menschen mit gesundem Selbstwertgefühl, sonst hat sie keine Zukunft.

Ohne unsere Zeit, Zuwendung und Zärtlichkeit können Kinder ein stabiles Selbstwertgefühl nicht entwickeln. Das kann uns von keiner noch so professionellen Betreuungskraft abgenommen werden.

Von Lust und Frust in der Mutterbrust

Es ist in der Tat schwer, besonders nach einer spannenden und herausfordernden Tätigkeit, plötzlich zu Hause nur noch „kleine Brötchen zu backen". *Frau* glaubt, diese Zeit der „Einzelhaft" mit einem schreienden Winzling in einer kleinen Wohnung ginge nie zu Ende. *Frau* weiß auch noch nicht, daß diese Zeit unwiederbringlich vorübergeht, und sie das, was sie hier verpaßt im Umgang mit den zärtlichen, vertrauensvollen, charmanten und genialen, kleinen Komikern nie mehr nachholen kann.

> Es gibt nur eine wahrhafte Freude: der Umgang mit Menschen
>
> Antoine de Saint-Exupéry

Sehr gut erinnere ich mich noch an die Zeit, als wir kurz nach meinem Examen in die fränkische Rhön zogen, in ein verschlafenes Nest, wo ich keine Menschenseele kannte. Dort kam unser zweites Kind auf die Welt. Und plötzlich war ich, obzwar mit herrlichem Wissen vollgestopft, den lieben langen Tag ausschließlich von zwei kleinen Analphabeten umgeben; nur noch zwischen Kochtopf und Nachtopf jonglierend, von Windeln und Wäsche überwältigt, ständig zwischen An- und Auspummeln schwankend, da die „Große", war sie draußen, sich von drinnen, war sie drinnen, sich von draußen das Glück erhoffte.

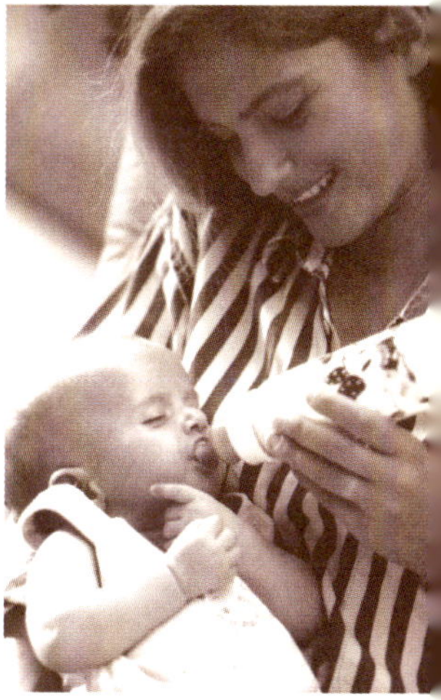

Es plagte mich das Gefühl, mein so herrlich trainiertes Gehirn ertränke urplötzlich und für immer in Muttermilch. Ich sehe mich noch vormittags am Fenster stehen, lauernd, wann die Nachbarin, die in etwa meines Alters zu sein schien und zwei etwas größere Kinder hatte, zum Einkaufen aufbrach. Dann wickelte ich die unseren, in hektischer Eile in irgendwelche Gewänder, jagte so schnell dies mit einem Kinderwagen und der daran hängenden 2jährigen kleinen Bremsvorrichtung ging, hinter dieser anfänglich noch ahnungslosen Nachbarin her, um mich wenigstens einmal am Tag mit jemandem unterhalten zu können. Gottlob entpuppte sie sich als sehr nett, so daß aus diesen erschlichenen Kontakten zunächst verabredete Einkaufs- und Spielplatzgänge und dann eine unkomplizierte, nachbarschaftliche Freundschaft wurde.

So sehr ich damals manchmal das Gefühl hatte, mir fiele die Decke auf den Kopf, so wuchs in mir doch auch das Entzücken über diese beiden kleinen Menschen, die mit ihrer Liebe und ihrem bedingungslosen Vertrauen mein Leben in Besitz nahmen. – Vorübergehend, der „Belagerungsring" wird mit jedem Jahr durchlässiger. – Wie froh war ich, unseren kleinen Sohn selbst versorgen zu können, ihn und sein langsames Erwachen bewußt genießen zu können; ohne den Zeitdruck außerfamiliärer Termine, die über jedem Füttern und Wickeln, über jedem Schmuse- und Schwätzstündchen wie ein Damoklesschwert dräuen und allzu oft den noch unsicheren Dialog zwischen Mutter und Kind jäh abschneiden.

Endlich ohne Zeitdruck

Es gibt nichts Anrührenderes als das erste schiefe Lächeln eines Babys, von dem man sich plötzlich – im Gegensatz zu sonst – ganz sicher ist: „Ich bin gemeint."

Als der Kleine das erste Mal, obwohl er ansonsten schluckte wie ein Bierkutscher, zu trinken aufhörte und mir stattdessen ein schüchternes, aber total verliebtes „röderöööh" widmete, war ich stolz, als hätte man mir soeben das Bundesverdienstkreuz umgehängt. Wenn ich die „Große" vom Mittagsschlaf holte und sie, soeben aufgewacht, mich anstrahlte, als sei gerade die Sonne ihres Lebens aufgegangen, dann wußte ich, daß Geborgenheit und Lebensfreude dieser Kinder im Moment wichtiger waren als die theologische Mitarbeit in einem Exerzitienhaus, die mir angeboten worden war. Mehr noch, ich entdeckte Glaubenszusammenhänge, die mir zwar theoretisch bewußt, nun aber im Umgang mit den Kindern wirklich lebendig wurden.

Erlebte Theologie

„Herr, laß Dein Angesicht über uns leuchten" (Psalm 4,7), so beten viele Menschen seit über 2000 Jahren. Jetzt, da wir unsere Kinder strahlen sahen, wenn wir uns über sie beugten, sie fütterten oder vom Schlafen aufnahmen, wurde mir dies Gebet plötzlich lebendig und immer wichtiger. Es war wie eine Verheißung. Wie herrlich muß dieses Angesicht Gottes sein, wenn schon das unsere eine solche Leuchtkraft auf unsere Kinder hat.

Vor allem in diesen ersten Monaten, in denen ein Baby beim Stillen die Mutter konzentriert, fast möchte man sagen: andächtig betrachtet, mußte ich immer wieder an diesen Gebetsruf „Herr, laß Dein Angesicht über uns leuchten, dann ist uns geholfen" denken (Psalm 80, 4.8.20).

Wer hat ein Gesicht?

Es ist wohl kein Zufall, daß wir nur von Gott und dem Menschen sagen, er habe ein Angesicht. Selbst einem Hund, dem wohl persönlichsten Freund des Menschen unter den Tieren, attestieren wir kein „Angesicht", er hat nur ein Gesicht. „Angesicht wird", so schreibt einmal Bischof Lettmann, „zu einem anderen Wort für Person. Nur wer ein Angesicht hat und dies einem anderen zuwendet und sich von ihm ansehen läßt, kann dem anderen zur Person, zum Du werden; und nur im Du findet der Mensch sein Ich, oder wie Martin Buber schreibt: „Der Mensch wird am Du zum Ich." Im Wechselspiel der Augen zwischen Mutter und Kind, das beim Stillen wiederum nur dem Menschen möglich ist, erkennt das Kind sich langsam selbst. Dies ist wohl der tiefste Grund, warum ein kleiner Mensch seine Mutter so aufmerksam betrachtet, als ob es ihre Gesichtszüge auswendig lernen und diese „Augen-Blicke" der Liebe für sein ganzes Leben speichern wollte. So ist es ja auch: In ihrem Angesicht erkennt es sich selbst als ein geliebtes, folglich liebenswertes und bejahtes Wesen.

Es gibt eine wunderschöne Stelle im ersten Teil der Heiligen Schrift, im Alten Testament. Dort spricht Gott: „Weil Du in meinen Augen teuer und wertvoll bist und weil ich dich liebe" (Jesaja 43,4). Diese Worte beschreiben genau die Liebe von Eltern zu ihren so kleinen Kindern. Wir lieben sie nicht wegen bestimmter Eigenschaften, etwa weil sie eines fernen Tages gut in der Schule, tolle Sportler, besonders hübsch oder Spitzenverdiener wären.
Nein, ganz einfach: weil sie in unseren Augen teuer und wertvoll sind. Nur so, ganz ohne Vorbedingung.

Und plötzlich begann ich darüber zu staunen und mich zu freuen, daß Gott uns offenbar genauso liebt; nur so, ohne Vorbedingung. Nur weil wir, erstaunlicherweise, in seinen Augen teuer und wertvoll sind.
Während ich dieses Kapitel schreibe, ist unser erstes Enkelkind zu Besuch, gerade 4 Monate alt. Jetzt darf ich es wieder beobachten, dieses Wechselspiel der Augen zwischen Mutter und Kind, Vater und Kind. Es rührt mich tief an, zu sehen, wie das Baby sein Lebensgefühl, d.h. letztlich sein Selbst- und Weltbild aus diesen „Augen-Blicken" der Liebe bezieht. Wie umgekehrt aber auch die Eltern im strahlenden, zahnlosen, hingerissenen Lächeln ihres Kindes sich selbst als offensicht-

lich liebenswerte und tüchtige Eltern erfahren und darin in ihrer Zuwendung und Sicherheit bestärkt und für gestörte Nächte restlos entschädigt werden.
Die drei machen hier Ferien. Examensferien. Unser Sohn hat soeben seinen Magister in Philosophie gemacht und uns seine Arbeit zu lesen gegeben. Verblüfft finde ich dort ein Zitat, das genau in dieses Kapitel paßt: „Entzögest du mir Dein Antlitz, so könnte ich in keiner Weise sein." Der berühmte Philosoph und Mystiker Nikolaus von Kues spricht hier zu Gott. Er spricht von seinem persönlichen Verhältnis zu Gott, aber auch vom Verhältnis des Menschen zu seinem Schöpfer.

Auf Liebe ausgelegt

Der Blick auf das Baby läßt diesen Satz in zweifacher Weise lebendig werden. Zum einen spricht jedes Kleinkind in seinem Bedürfnis nach Bindung genau diesen Satz: „Entzögest Du mir Dein Antlitz, so könnte ich in keiner Weise sein." Der Mensch ist auf Liebe hin angelegt: Zu seiner Menschwerdung braucht es die Liebe. Wo sie gänzlich fehlt, wird der Mensch zum Unmensch. Im Bild vom Paradies, in dem die Menschheitsgeschichte ihren Anfang nahm, sieht die Psychologin Marie Winn auch ein Symbol für den Sinn der Kindheit. Am Anfang eines jeden Menschenleben muß es so etwas wie den Garten Eden geben, „einen Ort, wo jedes Bedürfnis gestillt und für alles Notwendige gesorgt wird". Einen Ort, an dem der kleine Mensch satt werden darf, an Leib und Seele. Der Mensch will lieben und geliebt werden. Kein Wunder: Kinder ähneln ihren Eltern und „Gott ist die Liebe" (1. Johannesbrief 4,8).
Zum anderen verrät der Satz des Nikolaus von Kues und das Strahlen des Kindes beim Anblick seiner Eltern auch etwas über unsere tiefste Bestimmung. Auch wir Erwachsenen wollen satt werden an Leib und Seele. „Entzögest Du mir Dein Antlitz, so könnte ich in keiner Weise sein." Ob die Freudlosigkeit und Unruhe vie-

Das unruhige Herz

ler Menschen nicht auch damit zu tun haben, daß so viele blind für Gottes Angesicht geworden sind? „Unruhig ist unser Herz, bis es ruhet in Dir“ so sagt der heilige Augustinus. Wie viel Sicherheit und Zuversicht hat der, der beten kann: „Laß Dein Angesicht über mir leuchten, dann ist mir geholfen“. Um dieser Freude und Geborgenheit willen, sollten alle Eltern versuchen, sich und ihre Kinder nicht „um Gott zu betrügen“, so der Titel eines sehr hilfreichen Buches von Alfred Biesinger, zum Thema Glaubenserziehung. Sie sollten sich mit ihnen auf den Weg machen, ihn für sich (wieder) zu entdecken.

Wer zu den Glücklichen gehört, die Gottes hilfreiche Gegenwart in ihrem Leben schon erfahren haben, der weiß, wie schön es ist, den Kindern von diesem leuchtenden Angesicht erzählen und ihnen so zu einem geradezu himmlischem Urvertrauen verhelfen zu können.

Adam oder Eva? Vom sogenannten kleinen Unterschied

Vom sog. Adamsapfel und anderen erziehungs-resistenten Unterschieden

Junge, Junge! Die haben's schwer

Vater und Mutter: gleich wichtig, aber nicht gleichartig

Unbequeme Wahrheiten

Adam oder Eva? Vom sogenannten „kleinen" Unterschied

Wird es ein Junge oder ein Mädchen? Die Antwort darauf wird das Leben einer Familie ganz entscheidend prägen; denn es ist ein erheblicher Unterschied, ob wir Sohn oder Tochter bekommen. Die Forschung kann uns heute genau sagen, warum der Unterschied zwischen Mann und Frau nicht kleingeredet und „kleingehandelt" werden kann.

Ideologie kontra Wissenschaft

Allerdings herrschte in den letzten dreißig Jahren das feministische Dogma, die vorhandenen Unterschiede seien ausschließlich auf Erziehung zurückzuführen, könnten und sollten daher eingeebnet werden. Jungen und Mädchen wurden in einen Topf geworfen. Fast alle Eltern gaben sich redlich Mühe, Söhne mit Puppen und Töchter mit Fischer-Technik-Kästen anzufreunden. Meist vergebens.

Kinder müssen indes so angenommen werden, wie sie sind. Ohne ideologische Voreingenommenheiten oder Veränderungspläne; ihren Bedürfnissen wird Rechnung getragen, wenn Eltern sich ihrer typischen Stärken und Schwächen bewußt sind, statt sie womöglich als Charakterfehler zu sehen, was heutzutage vor allem kleinen Jungen leicht widerfährt.

Ein kleiner Junge muß wild sein und raufen dürfen, ohne daß seine Mutter gleich in ihm den späteren Macho und Rambo argwöhnt. Ein kleines Mädchen muß in Ruhe mit Puppen und Küchenutensilien spielen dürfen, ohne daß der ehrgeizige Vater sie mit Legosteinen, Chemie- oder Physikkästen traktiert.

Freilich gibt es auch untypisches Verhalten:
Wenn ich als Kind pfeifend von der Schule nach Hause ging, riefen mir ältere Leute hin und wieder den alten Spruch nach: „Mädchen, die pfeifen und Hühnern, die krähen, soll man bei Zeiten den Hals umdrehen.“ Ein Scherz, freundliche Warnung, Mißbilligung? Vermutlich von allem etwas.
Wie auch immer. Ich wünschte mir dringend, ein Junge zu sein. Mit 6 oder 7 Jahren verpaßte ich mir jeden Abend mittels Wasser eine Frisur, die der meines Vaters ähneln sollte. Mit einer Männerfrisur, so meinte ich wohl, sollte es Gott erheblich leichter fallen, mich am anderen Morgen als Junge aufwachen zu lassen. Daß meine flehentlichen Bitten in dieser Angelegen-

heit nicht erhört wurden und ich Tag für Tag unverändert als Mädchen aufstand, blieb erstaunlicherweise folgenlos; sowohl auf mein unerschütterliches Gottvertrauen, als auch auf mein abendliches Ritual. In der festen Zuversicht, Gott könne mich, wenn er nur wolle und ich ihn lange genug darum bäte, nachträglich zu einem Jungen machen, stieg ich Abend für Abend, vermutlich ziemlich scheußlich frisiert, mit nassen Haaren ins Bett. Eisern schweigend, wenn meine Mutter den Grund dieser merkwürdigen Zeremonie zu erfragen suchte. Ich wollte sie mit dem zu erwartenden freudigen Ereignis überraschen …

Welch Glück, daß Gott nicht jedes Gebet erhört!

Ich liebe besser

Weder für Taschenmesser, die allerdings bis heute einen verführerischen Glanz für mich haben, noch für elternloses Übernachten in Jagdhütten, weder für Anhalterfahren und Rennräder, weder für Fußball noch für Raufereien, alles Dinge, die mein 3 Jahre älterer Bruder zu meinem großen Neid völlig problemlos haben, tun und genießen durfte, – ich später mit Ausnahme der Hüttennächte und Anhalterfahrten übrigens auch, – nicht für alles Gold dieser Welt würde ich heute mein Frausein „umtauschen“ wollen.
Allerdings saß der Frust über das in meinen Augen so viel freiere und aufregendere Leben eines Jungen offensichtlich tief. Denn die These Simone de Beauvoirs, „man würde nicht als Frau geboren , sondern zur Frau gemacht“, die in den siebziger Jahren von der Frauenbewegung im Kampf um die Emanzipation der Frau, vor allem um ihre Befreiung vom „Joch“ der Mutterschaft und Hausarbeit zum Dogma gemacht wurde, traf auch bei mir auf „teiloffene“ Ohren, d.h. in bezug auf meine Erziehungspläne.

Als unsere älteste Tochter auf die Welt kam, war ich finster entschlossen, sie und ihre hoffentlich nachfolgenden Geschwister sozusagen geschlechtslos zu erziehen. Weder blaue oder rosa Strampelhosen noch Puppen oder Gewehre sollten mir ins Haus kommen. Keine gesellschaftlichen „Geschlechtsstereotypen“!

Ideologie und Wirklichkeit

Die Wirklichkeit holte mich schnell ein. Das Töchterchen langweilte sich angesichts angeblich geschlechtsneutraler Bauklötze zum Steinerweichen; in Ermangelung von Puppen versetzten sie dafür Stofftiere mit Gesichtern in helles Entzücken; „geckige“ Hände und Hosen mußten sofort gereinigt werden, ihr kleiner Bruder dagegen sah immer aus wie Winnie the Puh´s Freund Ferkel. Immerhin verachtete er Spielzeugautos, was kurzfristig meine Ansichten zu bestätigen schien. Dummerweise aber ließ er Stofftiere unbeachtet dahinsiechen, baute hingebungsvoll mit seinen Klötzchen und liebte alle landwirtschaftliche Zugfahrzeuge mit ihren verschiedensten Anhängern. Später, mit jedem weiteren Sohn um so mehr, mußten wir uns im Kinderzimmer durch Schußinstrumente jeglicher Art und Güte den Weg bahnen, von Playmobilpistolen über Westerngewehre, Steinschleudern, Pfeil und Bogen, bis hin zur ritterlichen Armbrust.

Die jüngste Tochter wiederum, hineingeboren in eine waffenstrotzende Spielzeugwelt und umgeben von vier Brüdern, – ihre einzige Schwester studierte bereits –, verschwendete nie auch nur einen Blick auf derartiges Gerät; Playmobil-Indianer, -Cowboys, -Ritter, -Soldaten, -Piraten, -Astronauten und -Polizisten blieben unbeachtet liegen, einzig -Bauernhof und -Zirkus fanden Gnade in ihren Augen. Selbst Barbiepuppen sammelten sich – trotz der Hohngesänge ihrer Brüder und mütterlichem Widerstand – aus geheimnisvollen Quellen nach und nach in ihrem Zimmer an.

Vom Adamsapfel und anderen erziehungsresistenten Unterschieden

Kurz und gut: Es gibt angeborene, sozusagen erziehungs- und ideologieresistente Unterschiede zwischen Jungen und Mädchen, Mann und Frau.

Was erfahrene Mütter und Väter immer schon wußten, bestätigt heute, trotz Tabuisierung dieses Themas in Politik und Gesellschaft, auch die wissenschaftliche Forschung. Der Naturwissenschaftler Robert Pool schreibt in seinem sehr empfehlenswerten und leicht lesbaren Buch zu diesem Thema „Evas Rippe“ dazu ein deutliches Wort: „Angesichts der Fülle inzwischen verfügbarer Indizien muß man sagen, daß jeder, der heute noch darauf beharrt, daß Jungen und Mädchen mit genau denselben Veranlagungen und Entwicklungsmöglichkeiten geboren werden, ideologische Scheuklappen trägt.“

Unterschiede körperlicher Art

Die rein körperlichen Unterschiede sind unbestritten. Der Adamsapfel beispielsweise eignet sich nicht zum Zankapfel; er ist erstens deutlich sichtbar und zweitens politisch neutral – allerdings nur, solange es genügend Mikrophone gibt … Auch die Tatsache, daß Männer im Durchschnitt größer und stärker sind, wird widerspruchslos hingenommen; nicht nur weil Frauen zum Ausgleich gesünder und länger leben: Es kommt schließlich in den Chefetagen heutzutage nicht auf körperliche, sondern denkerische Höchstleistungen an.

Gesellschaftspolitisch ebenso harmlos ist vermutlich das Faktum, daß männliche Wesen über eine etwas bessere Sehfähigkeit, vor allem für bewegte Objekte,

weibliche dagegen über ein schärferes Gehör, besseren Geruchs-, Geschmacks- und Tastsinn verfügen.
Den meisten Frauen wird es auch vermutlich egal sein, daß Männer schwerere Lasten tragen können. Behauptet man jedoch, Männer hätten von Natur aus – rein statistisch, versteht sich – bei bestimmten mathematischen Aufgaben die Nase vorne, dann wird dies für eine sexistische Äußerung gehalten.
Und doch muß man lernen, sich mit dieser *political* absolut nicht korrekten Äußerung abzufinden. Denn es gibt neben den körperlichen, offensichtlich auch psychologische und kognitive Unterschiede zwischen den Geschlechtern, die angeboren sind. Wobei wir uns künftig abgewöhnen sollten, Natur und Erziehung als Rivalen anzusehen. Sie sind, wie Pool schreibt, „Kollegen, die unlösbar miteinander verknüpft und verwoben sind, so daß es oft schwer zu sagen ist, wo das eine anfängt und das andere aufhört“.

Political correct oder wahr?

Meist ist es wohl ein Wechselspiel zwischen
Angeborenem und Angelerntem:
Was man gut macht, macht man gern,
was man gerne macht, tut man,
wenn möglich, oft,
und was man oft macht,
beherrscht man immer besser.

Hinzu kommt, daß Kinder, wenn die eigenen Freunde oder Freundinnen zusammen spielen oder lernen, gerne dazugehören wollen. So werden vorhandene Neigungen verstärkt, eventuell jedoch auch unterdrückt. Als einziger Knabe Erziehungswissenschaften oder als einziges Mädchen den Informatikkurs zu belegen, verlangt viel an Selbstbewußtsein und Liebe zur jeweiligen Materie und bedarf elterlicher und schulischer Unterstützung.

Wenn immer wieder von „typisch männlich" und „typisch weiblich" die Rede ist, so sind damit Durchschnittswerte gemeint. Die genannten Unterschiede beziehen sich selbstverständlich nicht auf jeden Jungen oder jedes Mädchen.

Es sind statistische Aussagen über die Häufigkeit der Verteilung der genannten Eigenschaften. Natürlich gibt es Ausnahmen. So kennt wahrscheinlich jeder einige Männer, die kleiner als die meisten Frauen oder auch keine Mathehelden sind, und umgekehrt einige Mädchen oder Frauen, die größer als oder genauso technisch begabt wie die meisten Männer sind.

Unterschiede psychologischer Natur

Nun einen Blick auf die psychologischen Geschlechterdifferenzen. Schon Säuglinge regieren unterschiedlich auf ihre Umwelt. Neugeborene Mädchen achten deutlich mehr auf Klänge, vor allem auf Stimmen, Berührung und Musik, während die gleichaltrigen Jungen stärker an geometrischen Mustern, dreidimensionalen Formen, flackernden Lichtern und Farbphotographien von Gegenständen interessiert sind. Zu einem Zeitpunkt, an dem von einem erzieherischen Einfluß der Eltern wahrlich nicht die Rede sein kann, zeichnet sich also schon einer der deutlichsten Unterschiede zwischen den Geschlechtern ab. In ihrem Buch „Der wahre Unterschied. Frau sein – angeboren oder angelernt?“ bringt ihn die Biologin Beatrice Flad-Schnorrenberg auf folgenden Nenner:

„auf den Unterschied zwischen der hervorstechenden Begabung der Jungen für den Umgang mit Dingen und die der Mädchen mit Menschen.“

Was willst du einmal werden?

Weltweit läßt sich dies auch an den Tagträumen und Spielthemen der Kinder beobachten. Mädchen spielen und träumen von familiären, erzieherischen, pflegerischen und lehrenden Zusammenhängen, auch ihre Berufswünsche gehen mehrheitlich in diese Richtung. Die Berufswünsche kleiner Jungens sind dagegen viel bunter: Forscher, Eroberer, Astronaut, Artist, Tiefseetaucher, Lokomotivführer, Feuerwehrmann und Zoowärter. Daß dies auch mit unterschiedlichen kognitiven Fähigkeiten, wie der durchschnittlich höheren Sprachbegabung von Frauen und den stärker ausgeprägten mathematischen Fähigkeiten bei den meisten Männern einhergeht, davon wird im Zusammenhang mit den Ergebnissen aus der Gehirnforschung noch zu reden sein.
Zurück zu den Säuglingen: Wichtig an der oben genannten Beobachtung ist die Tatsache, daß Jungen und Mädchen durch ihre unterschiedliche Reaktion auf die Umwelt, auch unterschiedliches Verhalten bei ihren Eltern auslösen. So werden Baby-Jungen von ihren Müttern häufiger berührt und länger in den Armen gehalten, weil Mütter die Reaktion ihrer kleinen Söhne mehr hervorlocken müssen. Mit ihren Baby-Töchtern

dagegen sprechen die Mütter mehr und sehen sie mehr an, da kleine Mädchen den Blickkontakt viel länger aufrecht erhalten als kleine Jungen. Dies wiederum könnte weitere Folgen für das kindliche Verhalten nach sich ziehen. Zum einen verstärkt das mütterliche Verhalten die Freude kleiner Mädchen an verbaler Kommunikation und ihre Fähigkeiten auf diesem Gebiet, zum anderen schürt es die angeborene „Abenteuerlust" kleiner Jungen.

Eine Studie der Bostoner Universität stellte fest, daß Kinder, die mehr körperliche Geborgenheit von der Mutter empfangen, mit erhöhter Wahrscheinlichkeit unternehmungslustiger sind und von Mama fortstreben.

Und wer geht ins Stadion?

Apropos angeborene Abenteuerlust: Jungen sind körperlich aktiver als Mädchen. Das fängt schon im Mutterleib an. Die meisten werdenden Mütter von Jungen werden sich vermutlich manchmal wie ein Fußballstadion vorkommen, so rumort, tobt und pufft es in ihnen.

Diese höhere körperliche Aktivität der Jungen setzt sich im ersten Lebensjahr fort und erreicht seinen Höhepunkt während der Grundschul- und Unterstufenzeit. Dieser, dem männlichen Hormon Testosteron zu verdankende Umstand – es liegt dann um 800% (!) höher als in der Kleinkindphase des Jungen – zeigt sich deutlich im unterschiedlichen Spielstil von Buben und Mädchen.

Vom still Spielen und Spielstilen

Unsere Töchter mußte ich beispielsweise meist in Haus und Hof suchen gehen, wenn sie nicht in ihrem Zimmer waren. Nichts war von ihnen und ihrer jeweiligen Freundin beim Spielen aus größerer Entfernung zu hören. Einmal fand ich sie, wie sie „Vater, Mutter, Kind" spielten: Der „Vater" lag in Gestalt einer Puppe im Stroh und machte Mittagschlaf – trotz heißen Flehens ließ sich meines Wissens keiner der Brüder je dazu herab, solche Rollenspiele mitzuspielen –, während die beiden Mädchen, als Mutter und Kind, flüsternd, um den schlafenden „Vater" nicht zu stören, aus Sand und Hafer einen Kuchen backten, den es, wenn der Vater aufwacht, zum „Kaffee" geben sollte. So viel Häuslichkeit und Familienkultur verblüffte mich, von mir hatten sie sich dies jedenfalls nicht abgeschaut.

Wildes Geschrei verriet sie …

Von den Jungen wußte ich dagegen immer, wo sie gerade ihr Wesen trieben. Wildes Geschrei verriet ihren jeweiligen Aufenthaltsort; Geschrei, das keineswegs Streit, sondern nur den Eifer des Gefechts anzeigte. Stille hingegen war ein Alarmzeichen. Unweigerlich wurde dann etwas Verbotenes und/oder Gefährliches ausgebrütet. Meist tobten größere Horden durch Garten, Hof oder Scheune. Was auch immer gespielt wurde, ob Fußball, Rugby oder Baseball, ob Winnetou-Festspiele oder das Drehen von Westernfilmen auf dem Programm stand, immer wieder wurde sondiert und ausgekämpft, wer hier Chef, wer Stellvertreter und wer Knecht war.

Die begehrteste Rolle bei ihren Westernspektakel war meist die des Cowboys, der, tödlich getroffen, von einem veritablen Dach fiel. Bis heute ist es mir nicht ganz klar, ob das Vergnügen in dem waghalsig wirkenden Sturz lag, oder ob es einfach so herrlich war, auf einem weichen, warmen, für die Zuschauer auf der anderen Seite des Stalles nicht sichtbaren, anschließend jedoch überdeutlich duftenden Misthaufen zu landen. Vermutlich beides.

So richtig schmutzig zu sein, gehört offenbar auch zum Lebensgefühl eines (kleinen) Mannes. Es gab durchaus

Mütter, die für diesen männlichen Wellness-Begriff wenig Verständnis zeigten und nach mehrmaliger schlechter Erfahrung ihren Söhnen den Umgang mit den unseren verboten.

Die gerade beschriebenen Szenen zeigen mehrere Merkmale typischer Unterschiede des Spiels von Knaben und Mädchen, die im übrigen weltweit und in allen Kulturen in den jeweils landesüblichen Spielen beobachtet werden. Die hier genannten Spiele beziehen sich auf unsere westliche Welt:

1. Jungen spielen häufiger draußen als Mädchen; vermutlich weil ihre „Hordenspiele" mehr Platz brauchen als die Lieblingsspiele der Mädchen, also Puppen, Brett- und Rollenspiele, Malen und Basteln.
2. Jungen spielen am liebsten in größeren Gruppen, Mädchen bevorzugen Zweier- und Dreier-Teams.
3. Mädchen spielen am liebsten mit Gleichaltrigen; jüngere Kinder werden in ihren Rollenspielen eher als „lebendige Puppen", denn als gleichrangige Spielkameraden eingesetzt. In Jungengruppen sind dagegen öfter Kinder verschiedener Altersstufen zu finden. Hier gilt offenbar der Grundsatz: Besser ein kleineres Kind auf dem Spielfeld als gar keines.
   Als ich dieses Merkmal jungenhaften Spiels las, wurde mir klar, warum unser jüngster Sohn, ein Nachzügler mit 5jährigem Abstand zum nächst höheren Bruder, so gut wie immer ins Spielgeschehen integriert war. Ob er nun beim Fußball als Verteidiger eingesetzt war, wobei ich meist eher den Ein druck hatte, er verkörpere einen Torpfosten, ob er als Leiche im Western fungierte, da handlich und leicht zu transportieren, ob er als Butler im Krimi den „Türöffner", manchmal sogar den Barkeeper

„Du bist jetzt meine Puppe ..."

gab, sein Einsatz war offenbar nicht dem guten Charakter der älteren Brüder zu verdanken, wie ich immer vermutet und unserer armen, ältesten Tochter vorgehalten hatte, wenn diese sich vor dem Hüten ihrer kleineren Geschwister zu drücken suchte, sondern schlicht und einfach dem Spielstil männn licher Wesen.

4. Mädchen spielen viel öfter bei Jungen mit, wenn sie als sportlich und „cool" genug anerkannt sind, als Jungen bei Mädchen. Tauchen letztere bei ersteren auf, z. B. bei Hinkekästchen, Seilchenspringen, Gummitwist, Vater-Mutter-Kind-, Kaufladen- oder Schule-Spielen, dann mutieren sie meist zu Clowns, Plagegeistern und Spaltpilzen, und die ehemals friedlichen Spiele der Mädchen enden in berechtigter Empörung oder gar in Tränen. Vermutlich liegt der Grund darin, daß

Wer ist cool?

5. Jungen wettbewerbsorientierter spielen. Es gibt in ihren Spielen immer Sieger und Verlierer, feste Regeln und ein vorbestimmtes Ende. 65 % aller Bubenspiele, gegenüber nur 35 % der Mädchenspiele, sind wettbewerbsorientiert. Ohne Berücksichtigung der, überwiegend von Jungen bevorzugten, Mannschaftssportarten!
6. Jungenspiele sind komplexer und zwar auf verschiedenen Ebenen. Zum einen haben sie mehr Regeln – etwa Fußball gegenüber Seilchenspringen –, zum anderen spielen Jungen öfter Spiele, bei denen die Wechselwirkung unter den Mitspielern größer ist und mehr Reaktionen des Einzelnen auf seine Team-Mitglieder einerseits und seine Gegner andererseits erfordern. Bestes Beispiel dafür sind Ballsportarten wie etwa Baseball, bei denen die Mitspieler abwechselnd Werfer, Schläger und Fänger sein müssen.

> Die meisten Mädchen dagegen bevorzugen Beschäftigungen, bei denen alle dasselbe tun, wie Radfahren, Eis laufen, Pferde pflegen, Reiten, Himmel und Hölle, etc. Bei solchen Spielen oder Sportarten, bei denen alle das Gleiche tun, gibt es weniger Abhängigkeiten oder Wechselwirkungen der Kinder untereinander.

Janet Lever, eine auf dem Gebiet der Geschlechterdifferenzen hoch anerkannte amerikanische Psychologin, weist in ihrer oben dargestellten Studie über Sport-, Spiel- und Freizeitaktivitäten von Kindern daraufhin, daß die beobachteten geschlechtsspezifischen Unterschiede natürlich Einfluß haben auf Entwicklung, beziehungsweise Verstärkung unterschiedlicher sozialer Eigenschaften von Jungen und Mädchen:

Die Hackordnung

Jungen üben sich dabei, miteinander zu wetteifern, zu führen und zu folgen, Rangordnungen aufzustellen und sich darin hochzuarbeiten. – Eine Klettersportart, die selbst erwachsene Männer zum Teil noch leidenschaftlich betreiben; man denke nur an die ausgefeilten Hierarchien bei Militär, Polizei, Beamtenschaft, Diplomatie und Kirche. – Sie lernen, mit anderen im Hinblick auf ein gemeinsames Ziel zusammenzuarbeiten, und zwar häufig im Wettstreit mit anderen Teams, und sich dabei an Spielregeln zu halten.

Es braucht wenig Phantasie dazu, festzustellen, daß genau die Eigenschaften, die Jungenspiele vermitteln, beziehungsweise verstärken, in unserer Gesellschaft eine herausragende Rolle spielen; man muß auch nicht ausgesprochen scharfsinnig sein, um Schluß zu folgern, daß genau diese Eigenschaften es wettbewerbsorientierten Männern sehr viel schwerer machen als den meisten Frauen, zugunsten der Kinder einen Knick in der Karriere zu erdulden und sich zu Hause als Haus- und Familienmann zu betätigen.

Mädchen dagegen, die einzeln oder in kleineren Gruppen kooperieren, üben sich darin, einander zuzuhören, sich in den anderen einzufühlen. Wenn ein Kind am liebsten in beständigen zweier oder dreier Grüppchen spielt, dann muß es in diese Freundschaften mehr an persönlicher Zuwendung und Rücksicht investieren als dies in einer lockeren Horde der Fall ist, die durch einen gemeinsamen Zweck, nämlich das Spiel als solches zusammengeführt und zusammengehalten wird. Die Sorge um das Wohlergehen des anderen und die Bereitschaft, sich zum Nutzen der Gruppe einzusetzen, wird folglich durch den weiblichen Spielstil gefördert.

Auch die aufgezeigten Fähigkeiten und Spielvorlieben der Mädchen erklären, warum sie später meist selbstverständlicher als ihre Partner bereit sind, die familiären Belange überwiegend als ihre Aufgabe zu sehen und so Nachteile in der beruflichen Entwicklung hinzunehmen.

Prinzipien- oder situationsorientiert?

Die dargelegten Unterschiede der Spielgewohnheiten von Jungen und Mädchen passen zu den allgemeineren psychologischen Geschlechterdifferenzen, die der Forschung inzwischen bekannt sind, auch wenn sie in der Öffentlichkeit gern verschwiegen werden. Bei Männern und Frauen entwickeln sich nämlich auch Moralempfinden und Bewußtsein für die eigene Person unterschiedlich:

Exemplarisch soll die Antwort eines elfjährigen Jungen und eines gleichaltrigen Mädchens aus einem Experiment der Universität Harvard vorgestellt werden. Die Kinder wurden zu folgendem moralischen Problem befragt: angenommen, ein Mann ist zu arm, um ein bestimmtes Medikament zu kaufen, das seiner schwerkranken Frau das Leben retten könnte, – sollte er es dann stehlen? Der Junge antwortete mit Ja, denn das Leben eines Menschen sei mehr wert als das Geld, das der Apotheker in diesem Fall verlöre. Das Mädchen antwortete mit Nein, denn der Mann könne entdeckt und ins Gefängnis geworfen werden und dann bliebe die arme Frau alleine und hilflos zurück.

Was ist gut, was ist böse?

Nach Meinung der Forscher verdeutlichen diese beiden Antworten einen der grundlegenden Unterschiede zwischen Mann und Frau. Männer tendieren dazu, ihr ethisches Urteil auf Prinzipien zu gründen, etwa so, wie sie im Sport die Regeln anwenden, um festzustellen, ob ein Spieler einen Punkt gemacht hat oder nicht. Hier wandte der Junge den Grundsatz an, daß menschliches Leben mehr wert sei als Eigentum.

Das Mädchen dagegen reagierte nicht Prinzipien-, sondern Situationsorientiert. Es schlug vor, der Mann solle dem Apotheker seine verzweifelte Lage darstellen und das Medikament in Raten abzahlen. Nach Meinung der Forscher ist dies ein typisch weiblicher Lösungsansatz:

„Das moralische Gebot, das sich in Gesprächen mit Frauen immer wieder darstellt, ist die Aufforderung, sich der Dinge anzunehmen und Verantwortung für die wirklichen und erkennbaren Kümmernisse der Welt zu übernehmen und sie lindern zu helfen ... Für Männer besteht der moralische Imperativ in dem Gebot, die Rechte anderer (das Recht auf Leben) zu respektieren ..."

Dieses Beispiel zeigt, daß es bei den unterschiedlichen Verhaltensweisen von Mann und Frau nie um besser oder schlechter, richtig oder falsch geht, sondern um ein komplementäres, also einander ergänzendes Verhalten.

Der weibliche Ansatz in moralischen Fragen trüge allein auf Dauer die Gefahr von Chaos in sich, der allein männliche birgt das Risiko der Unbarmherzigkeit. Ein reifer Erwachsener muß beide Ansätze bei seiner Urteilsfindung bedenken.

Von der Lust an Rangordnungen oder am Gemeinschaftsgefühl

Netzwerk kontra Hierarchie

Dasselbe gilt für die unterschiedliche Art und Weise, in der Männer und Frauen Beziehungen betrachten. Mädchen und Frauen suchen in der Beziehung zu anderen Menschen meist die gemeinsamen Grundlagen und Übereinstimmungen; sie betrachten das Miteinander der Menschen als eine Art Netzwerk, bei dem viele Leute durch familiäre, soziale und emotionale Bindungen zu einem großen Ganzen verwoben sind. Jungen und Männer dagegen sehen, weil sie dazu neigen, sich zu messen und zu wetteifern, ihre Beziehungen zu anderen Leuten meist im Rahmen einer Hierarchie und wollen klären, wer an der Spitze steht, bzw. welche Stelle sie selbst in dieser Rangordnung einnehmen. Die Folge davon ist, daß Mädchen und Frauen Gefahr laufen, sich oft, bis zur Selbstverleugnung, um andere zu kümmern und lernen müssen, auch auf ihr Glück zu achten, während Jungen und Männer, die sich zunächst auf sich und auf gewisse Verhaltensregeln beziehen, lernen müssen, auch die Bedürfnisse der anderen in den Blick zu nehmen.

In ihrem sehr empfehlenswerten Buch „Du kannst mich einfach nicht verstehen" legt die Psycholinguistin Deborah Tanner dar, wie diese unterschiedlichen Sichtweisen von Beziehungen ihren Niederschlag in der Sprache der Geschlechter finden. Es kann für Eltern sehr hilfreich sein zu wissen, daß Jungen und Mädchen oft unterschiedliche Sprachen sprechen und hören(!). Die weibliche Sprache ist eine Sprache der Zusammengehörigkeit und Vertrautheit, die männliche dagegen eine Sprache der Unabhängigkeit und Rangklärung. Weibliche Wesen sehen in der Kommunikation mit anderen einen Weg, um Zusammengehörigkeit zu schaffen, männliche dagegen einen Weg, Probleme zu lösen und eine Rangordnung zu etablieren.

Unterschiedliche Sprachen

Ist man/frau sich dessen nicht bewußt, so sind Mißverständnisse vorprogrammiert. Wütet etwa die Grippe unter den Kindern, dann hört die Tochter ein mütterliches „Ach, ihr Armen" als Ausdruck des Mitempfindens und der Liebe, sie wird sich trotz Fieber in ihrem Bett um so geborgener fühlen; der Sohn dagegen „hört" eventuell eine Betonung seiner Schwäche und wird trotz des Fiebers aus dem Bett zu springen versuchen, um zu beweisen, daß er nicht „arm", sondern topfit ist. Nähert sich der Vater dem Krankenlager mit einem coolen „Na, alles auf und gesund?", „hört" die Tochter womöglich Unverständnis und Kritik, da sie sich ja noch immer mies fühlt; der Junge dagegen „hört" Ermutigung und Bestätigung, daß er trotz Fieber, nicht arm, sondern eben ein toller Kerl ist. Ausnahmen bestätigen auch hier die Regeln. Es gibt nicht wenige Jungen (und Männer), die selbst eine liebende Mutter (oder Frau) als Hypochonder bezeichnen würde, wie es auch weibliche Wesen gibt, die allergisch gegen Mitleidsbekundungen reagieren.

Dennoch ist es hilfreich im täglichen Erziehungsgeschäft, von diesen – im allgemeinen vorauszusetzenden

– psychologischen Unterschieden zwischen Frauen und Männern zu wissen.

In seinem liebevoll und kenntnisreich geschriebenen Buch „Jungen! Wie sie glücklich heranwachsen“ schreibt der australische Psychologe und Therapeut Steve Biddulph, daß Jungen sich wohlfühlen:

1. wenn klar ist, wer der Chef ist,
2. wenn klare Regeln existieren, verläßlich auf ihre Einhaltung geachtet wird und
3. die Regeln gerecht angewendet werden.

Männer fragen nicht nach dem Weg

Klare Strukturen geben ihnen ein Gefühl von Ordnung, Geborgenheit und Zusammengehörigkeitsgefühl. Es fällt es ihnen dann leichter, sich unter- oder einzuordnen. Ist jedoch die Rangordnung nicht klar, fangen sie an zu rangeln, sich aufzulehnen, und selbst eine Hierarchie aufzubauen.
Mädchen machen fehlende Strukturen natürlich auch zu schaffen, aber sie kommen damit meist besser zurecht. Vielleicht empfinden sie Eltern, die sich mit ihnen diskutierend und tastend den Weg durch den Erziehungsdschungel suchen, nur deshalb als weniger verunsichernd und herausfordernd, weil sie selbst eher teamorientiert sind und Fragen-Müssen nicht als Offenbarungseid empfinden. – Wer hätte je einen Mann am Steuer nach dem Weg fragen gesehen? Lieber wird mit Hilfe von Sonne, Sternbild, Wind und Wolken, Moos an Bäumen oder einer angeblich angeborenen Kompaßnadel nach der Himmelsrichtung gefahndet, um sich dann mit einer zugegeben verblüffend geringen Fehlerquote, aber beträchtlicher Verspätung dem Ziel zu nähern.

Unterschiede im Denken

Von allen geschlechtsspezifischen Unterschieden sind die sogenannten kognitiven, also die Frage, wie das männliche und das weibliche Gehirn arbeitet und welche spezifischen Begabungen die Folge sind , einerseits die am meisten untersuchten und am besten belegten, andererseits die in der Öffentlichkeit am vehementesten bestrittenen und am häufigsten unterschlagenen.

Es führt kein Weg daran vorbei: Das Gehirn von Mann und Frau ist unterschiedlich aufgebaut und arbeitet auch unterschiedlich.

Zwar ist die linke Hirnhälfte bei den meisten Menschen hauptsächlich für Hören, Sprechen, Lesen und Schreiben verantwortlich, während die rechte Hemisphäre den Hauptanteil an räumlichem Denken, dem Lösen mathematischer Probleme, aber auch der Verarbeitung von Emotionen übernimmt. Aber diese beiden Hirnhälften sind im weiblichen Gehirn symmetrischer organisiert als im männliche, d.h. die beiden Gehirnhälften sind stärker miteinander vernetzt und bei bestimmten Aufgabenstellungen arbeiten beide Gehirnhälften gleichzeitig; das Gehirn des Mannes dagegen ist stärker lateralisiert, d.h. die rechte und die linke Gehirnhälfte sind weniger vernetzt und „bearbeiten" bestimmte Aufgaben unabhängig voneinander.
Nach Robert Pool gilt der grobe Grundsatz: Die weibliche Gehirnorganisation kommt der sprachlichen Gewandtheit, bestimmten Gedächtnisleistungen, Einfühlungsvermögen und dem Interesse am Menschen entgegen, die männliche Organisation dem Interesse an der Welt der Dinge, einer starken Wettbewerbsorientierung und dem räumlichen Vorstellungsvermögen.

Ungefähr 75 % aller Männer, – gegenüber 25 % der Frauen –, können sich daher dreidimensionale Körper im Raum drehend gut vorstellen, Baupläne mühelos deuten, Längs- und Querschnittabbildungen ohne Probleme verstehen, Landkarten lesen und behalten und sich dank eines guten Orientierungsvermögens auch in fremden Gebieten gut zurecht finden.
„Schuld“ daran sind die Hormone, die Architekten des Gehirns: Im Mutterleib und noch nach der Geburt weisen sie dem sich entwickelnden Gehirn den Weg in eine männliche oder weibliche Richtung.
Warum räume ich den angeborenen Unterschieden zwischen Jungen und Mädchen, Männern und Frauen einen so breiten Raum ein (zumal es, wie gesagt, ja auch immer Ausnahmen gibt)? Aus zwei Gründen:

Unterschiede (an)erkennen rettet Beziehungen

Erstens halte ich das Wahrnehmen und Benennen „erziehungsresistenter“ Unterschiede geradezu für „liebeserhaltend“ und „eherettend“. Das heute allgemein akzeptierte Leitbild einer partnerschaftlichen fifty-fifty Aufgabenverteilung von Familien- und Erwerbsarbeit auf Mann und Frau erweist sich mit der Geburt des ersten Kindes fast immer als nicht praktikabel. Je höher aber die partnerschaftlichen Erwartungen der jungen Frauen an ihre Männer waren, desto größer ist in der Folge ihre Unzufriedenheit mit der Situation. Realismus in diesen Fragen ist also hilfreicher und heilsamer als Träume und Visionen. Denn mit hochgespannten Erwartungen an die Bereitschaft des Mannes, beruflich zugunsten von Frau und Kind zurückzustecken, sind die meisten Männer wegen ihrer starken Wettbewerbsorientierung überfordert. Einmal ganz abgesehen davon, daß dies bei der angespannten Arbeitsmarktlage in den meisten Fällen viel zu riskant wäre. Allerdings sind umgekehrt die meisten Frauen unterfordert, wollte man sie ein Leben lang auf ihre

Pflichten als Mutter und Hausfrau reduzieren. Kompromisse sind also angesagt. Je mehr sie die natürlichen Neigungen und Fähigkeiten der Betroffenen miteinbeziehen, desto größer sind die Aussichten auf Erfolg.
Zweitens ist es für unsere Kinder entscheidend, daß wir ihre Veranlagungen, Fähigkeiten und Neigungen nicht verdrängen oder gar bekämpfen. Auch hier ist Realismus die Voraussetzung für eine liebevolle und auf das einzelne Kind mit seinen Bedürfnissen, Stärken und Schwächen zugeschnittene individuelle Erziehung.

Junge, Junge! Die haben's schwer

In unserer familienfernen, regulierten, zubetonierten und abenteuerarmen Welt kommen meines Erachtens nach, entgegen der weit verbreiteten Ansicht, die Frauen seien das unterdrückte Geschlecht, inzwischen die Jungen häufig zu kurz.

Es mehren sich warnende Stimmen, die darauf hinweisen, daß gerade für kleine Buben stundenlange Trennungen von ihrer eigentlichen Bezugsperson Gift sind. Sie reagieren auf eine Fremdbetreuung deutlicher mit Streß, also mit Angst und Verlassenheitsgefühlen als kleine Mädchen unter drei Jahren.

Kinderkrippen oder ähnliche Einrichtungen sind gerade für Jungen oftmals nicht von Vorteil. Unruhe und Aggressivität können die Folgen sein. Dieses Verhalten nehmen sie häufig mit in Kindergarten und Schule. Probleme sind vorprogrammiert.

Kann man ihnen eine Trennung in so frühem Alter aus gewichtigen Gründen nicht ersparen, muß man ihnen eine um so längere, sorgfältig gestufte Eingewöhnungszeit einräumen und ihnen zu Hause besonders viel Zeit und Zärtlichkeit schenken.

Jungen brauchen mehr Ansprache

Auch brauchen sie durchschnittlich mehr sprachliche Anregungen, um einen guten Wortschatz aufzubauen und ihn dann auch abrufen zu können. Aus noch immer nicht ganz geklärten Gründen haben viele Jungen einen verzögerten Zugriff auf ihr Vokabular. Offenbar kostet es einem männlichen Wesen mehr Mühe, in die linke Gehirnhälfte „hinüberzuschalten", um dort die richtigen Worte für die Gefühle und Gedanken zu finden, die sich in seiner rechten Hirnhälfte abspielen. – Diese stärkere Lateralisierung des männlichen Gehirns könnte eine Erklärung dafür sein, warum 80% aller Stotterer und 75% aller schwer dyslexischen Kinder Jungen sind. – Es ist daher von besonderer Wichtigkeit, kleine Buben durch Vorlesen, Singen und viele kleine Schwätzchen, geduldige Erklärungen usw. sprachlich bewußt zu fördern. Erzieherinnen, die mehrere gleichaltrige Winzlinge in Krippen betreuen, können dem einzelnen Kind nie so viel Zeit widmen wie Eltern oder Großeltern zu Hause.

Später wird es für Jungen immer schwerer, in den dichtbebauten Wohngebieten genügend Freiraum für ihre wilden Spiele zu finden. Der allgemeine Geburtenrückgang macht es ihnen oft fast unmöglich, genügend Spielkameraden in der Nachbarschaft aufzutreiben, um ihren Mannschaftssportarten oder Hordenspielen zu frönen. Auch ihr Bedürfnis nach Rangordnungsklärung und die damit häufig verbundenen lautstarken Auseinandersetzungen und Raufereien werden ihnen von den zumeist weiblichen Erziehern oder Betreuern leicht als überflüssig wildes Gebaren ausgelegt und verboten.

Hormone sind stärker als man denkt

Die meisten Jungen sind schon mit 4 Jahren sozusagen „Testosteron-Bündel“. Ihr Hormonspiegel verdoppelt sich nämlich in dieser Zeit, um sich – glücklicherweise – pünktlich zum Schulanfang wieder zu halbieren, dann aber zwischen dem elften und dreizehnten Lebensjahr um ganze 800 % wieder anzusteigen. Steve Biddulph weist nachdrücklich auf die Wirkungen dieses Hormons hin, das weit mehr ist als nur ein Wachstumshormon. Es beeinflußt, wie gesagt, das Gehirn und stärkt die Rang- und Wettbewerbsorientierung. Was sich hier eher trocken und nüchtern anhört, entlädt sich, wie oben beschrieben, in lautstarke, energiegeladene und ungestüme, nicht selten gefährliche Unternehmungen. Eltern, die um diese Zusammenhänge wissen, werden – hoffentlich – Verständnis für die Bedürfnisse ihres Sohnes entwickeln.

Zum Beispiel, indem man im Kindergarten nachfragt, ob genügend freies Spiel an der frischen Luft vorgesehen ist. Oder ob, sollten in der Gruppe mehr Mädchen als Jungen sein, Möglichkeiten gruppenübergreifenden freien Spiels existieren.

Nicht selten nämlich dominieren in Kindergärten die Spielgewohnheiten der Mädchen. Malen und Basteln, Puzzle legen und Bauen beherrschen die Tagesordnung. Der Bewegungsdrang der Jungen kommt nicht zu seinem Recht. Buben gelten dann leicht als schwierig und auffällig. Ein Etikett, das ihnen mit dem entsprechenden Rollenverhalten unter Umständen bis in die Schule hinein haften bleibt.

Vor allem später, ab Grundschul- und Unterstufenzeiten brauchen Söhne männliche Spielkameraden. Je mehr, je besser. Wenn diese in der Nachbarschaft nicht aufzutreiben sind, dann müssen sie eben herbeiorganisiert werden zu zweckfreiem Spiel. Darüber hinaus lohnt es sich, den Sprößling regelmäßig zum Fußball, Hockey, Judotraining usw. zu fahren. Selbst auf die Gefahr hin, daß sich die geplagte Mutter von Zeit zu Zeit fragt, warum sie nicht gleich Taxifahrer geworden ist, dann hätte sie wenigstens einen vernünftigen Rentenanspruch.
Allerdings ist es mindestens genauso wichtig, das wilde Bürschchen immer wieder dazu anzuhalten, sich auch in die Gefühle eines anderen hineinzuversetzen, z.B. in die des Verlierers oder der kleinen Schwester, die er soeben versehentlich umgerannt hat.

Untersuchungen zeigen, daß es Jungen und häufig auch noch erwachsenen Männern schwerer fällt als ihren weiblichen Altersgenossen, die Gefühle eines Menschen von dessen Gesicht abzulesen.

Gerade weil vielen Jungen die kleinen Fäuste lockerer sitzen als die Zunge, müssen wir Eltern ihnen immer wieder den Weg zu gewaltfreien Lösungen von Streitereien zeigen. Wenn unser Sohn seine körperliche Überlegenheit schon im Sandkasten oder im Kampf um die Schaukel von uns unkritisiert einsetzen darf, dann wird er dies künftig immer häufiger tun und es für ein legitimes Mittel zur Erreichung seiner Ziele halten. Wenn wir ihn gar selbst schlagen, um wie viel schneller würde er diese Methoden auch für sich reklamieren.

Mangelware: Mann

„Unsichtbare“ Väter sind eine weitere Schwierigkeit für Jungen. Ob die Mutter alleinerziehend ist, oder ob Kinder ihre Väter nur Abends oder am Wochenende zu Gesicht bekommen, das fehlende männliche Vorbild ist inzwischen ein ernstes, gesellschaftliches Problem, zumal die Youngsters auch in Kindergarten und Grundschule nur noch Frauen erleben.

Jungen brauchen männliche Vorbilder, an denen sie ihr eigenes Rollenverhalten erlernen, ihre eigene männliche Identität abschauen können.

Ist ein kleiner Sohn ungefähr 6 Jahre alt, beginnt er sich mehr noch als zuvor für seinen Vater oder Stiefvater, den Opa oder den netten Nachbarn zu interessieren. Er möchte herausfinden, was es heißt, ein Mann zu sein; möchte möglichst viel mit dieser geliebten Person zusammensein, von ihm lernen und ihn nachahmen.
Jetzt sollte spätestens (!) die große Zeit der Väter beginnen. Fallen sie aus, bleiben den Söhnen nur die „Helden“ aus Comics und Fernsehen, von Straße und Schulhof. Allerdings versuchen die meisten Söhne mit den unterschiedlichsten, häufig eher problematischen Methoden die Aufmerksamkeit ihrer Väter zu ergattern.
Einen der originellsten Versuche startete ein Sohn von Bekannten. Der Vater war wochenlang im Ausland unterwegs gewesen; kaum wieder zu Hause, war ein Abend mit Gästen terminiert worden, so daß die Kinder sich zurückgesetzt fühlten. Der Jüngste, sechsjährig und unerschrocken, gab seiner Enttäuschung auf einmalige Weise Ausdruck. Zu fortgeschrittener Stunde, öffnete sich plötzlich die Tür des vollbesetzten Wohn-

zimmers, hereinkam besagter Jüngling mit geschlossenen Augen in Schlafwandlerpose, richtete seine Schritte zielsicher zum Kamin, „pinkelte" das nur noch schwach züngelnde Feuer aus und verschwand ohne die Miene zu verziehen, „schlafwandelnd" wieder im Kinderzimmer. Das Ganze ging so schnell, daß eine verblüffte Gästeschar und leicht verunsicherte Eltern zurückblieben, bis einer der Gäste in brüllendes, glücklicherweise ansteckendes Gelächter ausbrach.

Der ins Feuer pinkelt

Gewissenserforschung für Väter

So deutlich sind die Zusammenhänge nicht immer zu erkennen. Aber wenn ein Sohn anfängt, in der Schule Probleme zu bereiten, nicht zu lernen oder zum Dauerstörer zu avancieren – einer der unseren verbrachte alles in allem mindestens ein halbes Schuljahr auf dem Gang – wenn er lustlos und aggressiv ist, dann sollte der Vater, bevor er sich allzu viele Sorgen über den Charakter seines Sohnemanns macht, überlegen, wie nah und engagiert er zur Zeit am Familiengeschehen ist. Folgende Punkte bieten sich z.B. als Testfragen an:

- Wie heißt der beste Freund meines Sohnes?
- Wie findet er seine Klassenlehrerin?
- Welches ist sein Lieblingsfach?
- Für welche Fußballmannschaft schwärmt er?
- Welches Schulfach haßt er?
- Wann hat er das letzte Mal sein Zimmer aufgeräumt?
- Wann und wie lange macht er normalerweise seine Hausaufgaben?

Muß der Vater bei den meisten Fragen passen, ist nicht der Sohn, sondern er selbst das Problem.

Steve Biddulph schreibt in seinem oben erwähnten Buch den harten Satz: *„Wenn Sie einschließlich Hin- und Rückweg fünfzig oder sechzig Stunden in der Woche arbeiten, dann werden Sie Ihrer Vaterrolle nicht gerecht. Ihre Söhne werden im Leben Probleme bekommen und die Ursache dafür sind Sie.* Ein Vater muß abends rechtzeitig nach Hause kommen, um noch mit den Kindern zu spielen, zu lachen, sie zu belehren und zu kitzeln."

Wer ist ein guter Vater?

Freilich gibt es Väter, die auf Grund ihres Berufes oder schwieriger Familienverhältnisse ihre Kinder nur am Wochenende zu Gesicht bekommen. Aber Kinder sind an sich bescheiden; sie verlangen gar keine elterlichen Höchstleistungen. Wenn z. B. jeden Samstag *verläßlich* ein gemeinsamer Bolznachmittag, ein Spaziergang mit ernsthaftem Männergespräch, in dem der Vater auch von seiner Arbeit berichtet, gemeinsames Autowaschen oder ein Besuch im Fußballstadion, eine Motorradtour, ein Tischtennismatch oder Werkeln in der Werkstatt herausspringt, dann wird der Sohn das unter „väterliches Interesse und Zuwendung" verbuchen und mit sich und seinem Leben im Reinen bleiben.

Selbst wenn größtenteils nur die Ferien bleiben, in denen der Vater Zeit für seine Kinder hat, dann wird auch das von seinen Kindern akzeptiert. Mein Vater z. B. war Politiker und daher viel in Bonn, wir aber wohnten in Bayern. Wir sahen ihn wenig. Trotzdem waren wir uns seiner Liebe sicher. Denn, *wenn* er zu Hause war oder mit uns Ferien machte, dann war er ein ganz und gar beteiligter Vater. Er kannte die Namen der wichtigsten Lehrer, wußte über unsere sportlichen Ambitionen, Erfolge und Niederlagen bescheid. Abends spielte er mit uns stundenlang Karten- und Ratespiele, er brachte uns Luftgewehr- und Pfeil-

und Bogenschießen bei, spielte begeistert Crocket und Boccia mit uns. Unvergeßlich sein Versuch, uns den Umgang mit einem Bumerang, den er von einer Australienreise mitgebracht hatte, zu lehren. Sehr kunstfertig schoß er mit ihm gleich zwei Fenster ein. Sein viertel betretenes, dreiviertel stolzes Grinsen, hatte der Bumerang das Werk der Zerstörung doch immerhin auf dem Rückweg (!) vollbracht, sehe ich noch heute vor mir.

Auch mein Mann war wochentags für seine Kinder bis zur Mittelstufe meist nicht sichtbar. Er verließ das Haus, wenn sie schliefen, und kam zurück, wenn sie schon wieder im Bett waren. Und so sind neben den Wochenenden die Ferien unsere wichtigsten Familienzeiten. Es sind Abenteuerfahrten mit Zelt, Wohnwagen oder Boot, auf engstem Raum alle zusammen, gemeinsames Kochen und Abspülen, abendliche „Schnubbelstündchen" mit ansonsten verpönten und daher um so herrlicheren Süßigkeiten und Erzählungen aus der elterlichen Kindheit; tagsüber sportliche Aktivitäten, und wenn es nur wegen der kleineren Geschwister ebenso einfache wie schweißtreibende „Plumpsackjagden" waren. In der Schulzeit fragten die Kinder mehrmals täglich: „Kommt der Papa heute nach Hause?" Irgendwie schien das Wissen über seine nächtliche Gegenwart sie für den Alltag zufrieden zu stellen. An den seltenen Wochenenden, die er ganz zu Hause sein konnte, ging es dann zur Sache. Vor allem die Buben hefteten sich an seine Fersen. Das Größte war es für sie, mit ihm zu arbeiten, sich nützlich zu machen, also Zäune zu setzen, Bäume zu fällen und zu zersägen, Schafe umzutreiben, Rasen zu mähen und wegzufahren, einen alten Stall abzureißen ... all dies war noch schöner, als mit ihm zu kicken oder Karten zu spielen.

Wochenende = Familienfreizeit

„Das Wesen des Kindes ist Arbeit" sagt Maria Montessori. Wenn ich unsere Kinder mit dem Vater arbeiten sah, dann konnte ich ihr nur recht geben.

Allerdings ist es in unserer hochzivilisierten, verstädterten Welt im Normalfall sehr schwer, solche Arbeitsmöglichkeiten für Vater und Kinder, wie sie unser Zuhause bietet, zu finden. Dann muß man eben andere Ideen ausbrüten.

Väter tun sich zusammen

In manchen Städten gibt es inzwischen „Väter-Söhne-Gruppen". Hier tun sich Familien mit ungefähr gleichaltrigen Kindern zusammen. Abwechselnd organisiert jeder Vater für die ganze Gruppe einmal im Monat eine Unternehmung, die ihm und seinem Sohn Spaß macht. Gemeinsam übernachtet man dann in einer Berghütte, geht Go-Kart fahren, zum Kegeln, Billardspielen, auf einen Modellflughafen, mit einem Wasserball bewaffnet ins Schwimmbad, auf eine Fußwallfahrt mit Zelt und Schlafsack, Radeln zum nächsten Badesee, man baut zusammen Modellautos, richtet einen Lego-Burgbau-Wettbewerb aus, bastelt einen Adventskalender, backt Weihnachtsplätzchen, fällt bei einem befreundeten Förster die Weihnachtsbäume für die ganze Gruppe ... der Ideen sind keine Grenzen gesetzt; der einzelne Vater wird nicht überfordert; die Kinder lernen einander und die anderen Väter besser kennen. So verfügen sie später, in Pubertätszeiten, wenn der eigene Vater plötzlich vom Helden zu einem gefährlichen Ignoranten mutiert, über andere vertrauenswürdige Ansprechpartner. Hat sich die Gruppe stabilisiert, werden häufig auch die Töchter mitgenommen. Dann kommen auch sie zu ihrem Recht und die Mütter manchmal zu einem ruhigen Wochenende. Sehr selbstkritisch berichtete ein Vater, Mütter sollten nur im Ausnahmefall mitkommen, denn sonst würden die

Väter zusammenglucken und sofort wieder ihren Frauen das Spielen und Hüten der Kinder überlassen.
Vor allem für geschiedene Väter ist der Anschluß an solche Gruppen der reine Segen. Alleine ist es einfach sehr schwer, sich auf Dauer Kraft und Ideen für die Wochenenden mit den Kindern zu erhalten, und nicht Kino und die häusliche Mattscheibe zum Alleinunterhalter zu machen.

Mädchen sind leichter

Und was ist mit den Mädchen? Brauchen nicht auch sie Extrabehandlung und gesonderte Aufmerksamkeit? Doch, das brauchen sie. Sie bekommen sie allerdings nur leichter. Umgeben von Frauen, in Familie, Kindergarten und Schule können sie mühelos lernen, wer oder was eine Frau ist, wer oder was sie einmal selbst werden wollen. Außerdem können Frauen sich in kleine und größere Mädchen leichter hineindenken, sie sind ihnen vertraut, meist erkennen sie sich selbst in ihnen wieder, so daß Spielangebote, Vorlesestoff, Lehr- und Erziehungsmethoden, bewußt oder unbewußt häufig eher auf Mädchen zugeschnitten sind.
Vielleicht ist dies auch der Grund, warum die Mädchen im Schulgeschehen zunehmend den Jungen den Rang ablaufen.
Immer deutlicher überflügeln sie die Jungen sowohl bei den Noten als auch in Schul- und Studienabschlüssen.
In Deutschland sind inzwischen 56 % der Abiturienten Mädchen gegenüber nur 44 % Jungen. Dafür liegen die Jungen vorne bei Hauptschulabschluß und Problemfällen: 56 % der Hauptschüler, 64 % der Sonderschüler und 65 % der Schulabbrecher sind Jungen.

Vater und Mutter: gleich wichtig, aber nicht gleichartig

Allerdings leiden auch die Mädchen unter der Abwesenheit der Väter. Auch sie brauchen den väterlichen Spielstil, um selbstsicher, eroberungslustig und angstfrei auf neue Situationen und Menschen zuzugehen. Schon im Babyalter unterstützen Väter diese Entwicklung, wenn sie, trotz der erschreckten Proteste der meisten Mütter, ihre Babys schwungvoll in die Luft werfen; eine „Sportart", die Ethnologen bei Vätern auf der ganzen Welt beobachten.

Die Babywerfer …

Ich möchte nun nicht behaupten, daß kindliches Selbstbewußtsein sich proportional zur väterlichen Wurfhöhe entwickelt. Der Vater muß schon, wie oben beschrieben, ausdauernder „am Ball bleiben". Vor allem für die heranwachsende Tochter ist ein Vater, der sie mit väterlich männlichem Wohlgefallen wahrnimmt und sie mit kleinen Komplimenten bedenkt, der richtige und wichtigste Spiegel. Während der Badezimmerspiegel, den sie ängstlich nach Pickeln und einer eventuellen Gurkennase befragt, ihr Selbstbewußtsein häufig untergräbt, erfährt sie vom Vater, wie liebenswert und schön sie in Wirklichkeit ist. Dies stärkt ihr altersgemäß angeknackstes Selbstbewußtsein und kann verhindern, daß sie sich, in ihrer Sehnsucht nach männlichen Streicheleinheiten vom erst besten Verehrer wie eine reife Pflaume „verspeisen" läßt.

Beteiligte, spielende, liebevolle und stolze Väter wirken wie Hefe auf die Entwicklungsmöglichkeiten ihrer Kinder.

Mütter natürlich auch. Bindungsfähigkeit, das Entstehen des Gewissens, emotionale Ansprechbarkeit, Einfühlungsvermögen, ein Sinn für Schönheit und Ordnung, vor allem aber sprachliche Fähigkeiten sind überwiegend Frucht mütterlicher Zuwendung.

Bindungsfähigkeit und ihre Wurzeln

Auch die Qualität einer künftigen Partnerschaft wird durch den elterlichen Umgang mit ihrem Kind grundgelegt.

In einer Längsschnittuntersuchung von über zweiundzwanzig Jahren belegen die bekannten Psychologen Klaus und Karin Grossmann, wie wichtig das *Zusammenspiel beider* Eltern für das spätere Bindungsverhalten ihres Kindes ist. Vater und Mutter haben aber *Unterschiedliches* dazu beizutragen.

Schon das feinfühlige, behutsam fordernde und unterstützende Spiel des Vaters mit seinem vorsprachlichen, zweijährigen Kind ist von entscheidendender Bedeutung. Wenn auch auf andere Weise, ist sein Beitrag genauso wichtig wie der Mütterliche. Er liegt offenbar mehr im körperbetonten, spielerisch-sportlichen, ermutigenden und altersangemessen fordernden Umgang mit den Kindern, der die Kinder zu offenen, selbstbewußten und vertrauensvollen Beziehungen befähigt.
Bei der Mutter spielt neben ihrer Freude an der Bindung zum Säugling und Kleinkind vor allem ihre verbalen Stärken eine große Rolle. Es ist sehr wichtig für

die spätere Bindungsfähigkeit des Kindes, wenn die Mutter ihre Liebe in Worte faßt und auch Kummer, Sorge oder Ärger altersgemäß zum Ausdruck bringt und so ihr Kind in einen offenen, klaren und begründeten Dialog „hineinlockt".

Selbstverständliches ist nicht erforscht

Merkwürdigerweise ist die Mutterrolle längst nicht so gut erforscht wie die des Vaters und sein Beitrag zur Entwicklung seines Kindes. Vielleicht, weil die allermeisten Mütter nach wie vor eine selbstverständliche Größe im Leben ihrer Kinder sind und – glücklicherweise – der Forschung daher nicht genügend Kinder zur Verfügung stehen, an denen in repräsentativer Zahl die Auswirkungen einer Mutterentbehrung zu untersuchen wäre.

Muttersprache im Vaterland

Auch wenn die Mutterrollenforschung noch Arbeiten machen wird, eines ist eindeutig:

Für die Sprachentwicklung eines Kindes ist in den allermeisten Fällen die Mutter ausschlaggebend.

Männer sind meist nicht allzu gesprächig, wenn es sich nicht gerade um ihre Hobbies, Politik oder den Beruf handelt. Sie sehen eben in der Sprache ein Mittel zur Problemlösung, nicht zur Herstellung von Beziehung. Und Probleme sind glücklicherweise nicht ganz so häufig wie Beziehungen, daher ihre „Maulfaulheit". Dieser Schluß drängte sich mir jedenfalls auf, als ich eines Tages mit einer Grippe im Bett lag und hörte, wie mein Mann im Nebenraum unsere kleine Tochter wusch und anzog. Dem Dauergeräusch einer hellen Kinderstimme, die zwitschernd Wassertemperatur, Zahnpasta, Kniestrümpfe, Pulli, Kindergarten, Freundin und die kranke Mami kommentierte, standen einige wenige, durchaus freundliche Grunzlaute gegenüber. Ihr Zustimmung heischendes „gell?“, „oder?“ und „ja?“ entlockte dem liebevollen Vater nicht einen einzigen Satz. Da offenbar keine Probleme zu lösen und die Fragen der Kleinen hörbar rhetorischer Natur waren, sah er keinen Anlaß, sich zu einer echten Antwort aufzuschwingen.

Das Gefühl, wenigstens in Sachen Sprache unentbehrlich zu sein, hob meine krankheitsbedingt niedergeschlagene Stimmung. Von „maulfaulen“ Partnern läßt sich nun einmal schwer das Sprechen erlernen. Daß die nicht wenigen Familienmitglieder, die in der Lage sind, minutenlang freundlich ins Telephon zu schweigen und auf die verwirrte Frage der anderen Seite „Hallo, bist Du noch da?“ mit einem verblüfften „Ja, warum?“ zu antworten, samt und sonders männlichen Geschlechts sind, braucht wohl nicht weiter betont zu werden.

Ein mindest ebenso wichtiger Effekt, nämlich die Wertorientierung der Kinder, läuft über den Vater.

Untersuchungen zeigen, daß sich Kinder in politischen, religiösen, moralischen und sozialen Fragen eher am Vater orientieren. Eine schwedische Untersuchung förderte sogar den erstaunlichen Umstand zu tage, daß selbst in Familien, in denen der Vater die Hausmannrolle übernommen hat und die Mutter morgens mit Aktentasche das Haus verläßt, der Vater immer noch als Tor zur Welt, als Werteträger, wirkt, an dem die Kinder ablesen, was „draußen“, im Vaterland, also in der Welt der Erwachsenen von Bedeutung und nützlich ist.

Als ich vor Jahren einmal einen Artikel schrieb über die gegenseitige Ergänzung von Vater und Mutter in der Erziehung, fragte ich meinen damals 13jährigen Sohn nach seiner Einschätzung der Lage. Die lapidare Antwort wäre für jede Feministin geradezu niederschmetternd, für erfahrene Psychologen dagegen vorhersehbar gewesen. Er antwortete kurz und bündig: „Du sagst uns, wie es geht und wir schauen, ob's der ‚Vadder' auch so macht." Tröstlich, daß der Sohnemann meine erzieherischen Bemühungen immerhin für notwendig erachtete, um das Verhalten seines Vaters wahrnehmen und begutachten zu können...

Kurz und gut: Mutter und Vater haben unterschiedliche Wirkung auf ihre Kinder, sie leisten unterschiedliche Beiträge auf deren Weg zu einem gelingenden Menschsein. Selbst ein totaler Rollentausch ändert anscheinend nichts Grundlegendes an diesen Unterschieden.

Auch hier geht es nicht um ein Besser oder Schlechter, Wichtig oder Entbehrlich, sondern um ein Anders, um die gegenseitige Ergänzung. Nur gemeinsam ergeben die beiden Hälften eines Kreises eine „runde Sache".

Unbequeme Wahrheiten

Um der Kinder willen muß diese Wahrheit ausgesprochen werden: Wer zur eigenen Selbstverwirklichung glaubt, sich ein Kind ohne Vater oder ohne Mutter „anschaffen" zu dürfen, ist entweder ahnungslos in „Sachen" Kinder oder selbstsüchtig. Dies müssen sich auch gleichgeschlechtliche Paare sagen lassen, die ein Recht auf Elternschaft für sich reklamieren.

Ein Kind braucht für seine Selbstfindung das gleichgeschlechtliche *und* das gegengeschlechtliche Rollenvorbild.

Auf das Zusammenspiel kommt es an

Für eine gelingende Entwicklung der Psyche ist es, wie wir gesehen haben, auf das Zusammenspiel zwischen männlichem und weiblichem Erziehungsstil angewiesen. Schlimm genug, wenn das Leben den Kindern ein vater- oder mutterloses Heranwachsen aufbürdet, durch Tod, Verlassenwerden, Scheidung oder sexuelle Fahrlässigkeit der Eltern. Aber diese Last Kindern willentlich zuzumuten, ist unverantwortlich.

Hinzukommt, daß jedes Kind eines Tages nach seinen Wurzeln fragen wird. Eltern von Adoptivkindern wissen ein Lied davon zu singen, wie quälend es für Kinder ist, die biologischen Eltern nicht zu kennen. In den allermeisten Fällen versuchen die Betroffenen sie ausfindig zu machen. Denn die spezifisch menschliche Frage: „Wer bin ich?“, eine Frage, die besonders Jugendliche umtreibt, kann um so schwerer beantwortet werden, wenn die eigene Herkunft im Dunkeln liegt. Dazu kommt, daß das spurlose Verschwinden derjenigen, denen man sein Leben zu verdanken hat, zu beweisen scheint, daß Mutter oder Vater einen nie geliebt haben. Ein solches Schicksal ist wie eine schwer heilende Wunde, die immer wieder Selbstwertgefühl und Selbstbewußtsein infiziert.

Auch wer meint, nach Scheidung oder Trennung mit den negativen Erinnerungen an den Partner die eigenen Kinder „vergessen“, oder aber den ehemaligen Partner aus dem Leben der Kinder verbannen zu dürfen, macht sich schuldig.

Der Psychologe Horst Petri spricht im Zusammenhang der Vaterentbehrung von einem schweren Trauma für das Kind, das dem der Mutterentbehrung vergleichbar ist. Wohlgemerkt, es geht hier nicht um berufsbedingte, zeitweise Abwesenheit der Väter, auch nicht um Trennungs- oder Scheidungsväter, die weiterhin einen lebendigen, liebevollen Kontakt mit ihren Kindern haben. Im Blickpunkt der Psychologen steht die endgültige Vaterlosigkeit des Kindes durch einen unbekannten Erzeuger, durch die Flucht der Väter aus der Verantwortung oder deren gezielte, eigennützige Ausgrenzung durch die Mütter nach Scheidungen oder Trennungen.

Die Dreisamkeit Vater-Mutter-Kind hat schon in den ersten drei Jahren eine wichtige entwicklungspsychologische Bedeutung, die lange übersehen wurde.

Im schmerzhaften und oft angstbesetzten Ablöseprozess des Kleinkindes von seiner Mutter kommt dem Vater eine unersetzliche Aufgabe zu: Er bietet dem Kind, wenn es in seinem Bemühen, sich aus der engen Mutter-Kind-Symbiose zu lösen, in Angst und Verunsicherung gerät, den erforderlichen Halt. Die Anlehnung an den Vater hilft ihm, die nötigen Entwicklungsschritte zu tun. Hinzu kommt, daß das Kind zwei voneinander getrennte Personen lieben kann, Mutter und Vater. So kann es ein eigenes, ganzheitliches Selbstbild aufbauen.
Hat das Kind dagegen nur die Mutter als Bezugsperson, dann unterbleibt häufig die nötige Ablösung trotz seines gleichzeitig wachsenden Bedürfnisses, sich aus der nicht mehr altersgemäßen, zu engen mütterlichen Umarmung zu lösen. Die Folge kann Unausgeglichenheit, Unzufriedenheit, Frust, und unterdrückte Wut sein.

Kommt dann noch ein Mangel an Autorität hinzu, und dies ist häufig der Fall, wenn die Mutter aus Mitleid mit dem armen, weil vaterlosen Kind oder aus Schwäche und Angst vor Konflikten in der Erziehung keine klaren Grenzen setzt, dann kann es später zu Gewaltausbrüchen kommen, Ventil für lange verdrängte Einsamkeit, seelische Verletzung, Verzweiflung und Wut.

Kein Vater: ein Drama

In seinem Buch „Das Drama der Vaterentbehrung" fordert Horst Petri ein Ende des Tabus, mit dem unsere Gesellschaft den hunderttausendfachen Ausfall von Vätern umgibt. Es ist an der Zeit, sich damit auseinanderzusetzen, daß ein großer Teil der ständig wachsenden Zahl von kriminellen Kindern und Jugendlichen vaterlose Kinder sind. Das Gleiche gilt für Drogen- oder Alkoholabhängige, für die der Weg in die Gewaltkriminalität häufig nicht weit ist. Es ist weiterhin an der Zeit, wahrzunehmen, daß Vaterentbehrung sich nicht nur auf die Qualität von Schul- und Berufsabschlüssen niederschlägt, sondern auch im Beruf für Jungen und Mädchen überwiegend negative Folgen hat.

Das Drama der endgültigen Vaterentbehrung darf nicht weiterhin verdrängt oder verharmlost werden. Wir müssen uns der katastrophalen Folgen für die Betroffenen und für den Frieden der Gemeinschaft stellen und uns entscheiden, was uns wichtiger ist:

Wollen wir die abgewirtschafteten, weil letztlich menschenfeindlichen Utopien der 68er beibehalten?

- die sexuelle Freizügigkeit, die weder Bindung sucht noch schenkt?
- die Abwertung der auf ein ganzes Leben angelegten Ehe als überholt, unrealistisch und frauenfeindlich?
- die Verharmlosung von Scheidung als Befreiungsschlag aus bürgerlichen Traditionen?

- die emanzipatorisch-feministische Überzeugung, frau könne ohne Mann alles besser?

Oder wollen wir uns auf die eigentlichen Bedürfnisse des Menschen besinnen und Beheimatung in verläßlicher Bindung für Kinder und Eltern wieder als erklärtes Ziel anstreben?

Alleinerziehend: Gefahr erkannt – Gefahr gebannt

Unbequeme Wahrheiten

Es fällt mir schwer, die oben genannten unbequemen Wahrheiten so offen anzusprechen. Aus eigener Anschauung in Verwandtschaft und Freundeskreis weiß ich, wie schwer es für alleinerziehende Elternteile ist, mit diesen beunruhigenden Fakten konfrontiert zu werden. Zumal dann, wenn sich die Betroffenen ihre schwierige Lage keineswegs freiwillig erwählt haben und sich selbst als Opfer einer nie erwarteten, schon gar nicht gewollten Entwicklung wiederfinden. Entmutigung also das letzte wäre, was sie brauchen könnten. Aber um der Kinder willen ist Offenheit nötig.

Glücklicherweise gibt es viele, die die Gefahren erkennen und trotz der Schwierigkeiten auch als alleinerziehendes Elternteil ihren Kindern zu einem gelingenden Leben verhelfen und verholfen haben. Bestes Beispiel dafür sind die Kriegerwitwen des zweiten Weltkriegs. Tausende haben damals trotz allem ihre Kinder zu seelisch gesunden, glücklichen und lebenstüchtigen Erwachsenen aufgezogen.

Es gibt auch Untersuchungen, nach denen es für eine gelingende Erziehung nicht *allein* ausschlaggebend ist, ob eine Familie sogenannt intakt, also vollständig oder unvollständig ist; entscheidend sei vielmehr, daß eine Familie erzieherisch intakt sei und dem Kind das gäbe,

was es braucht, nämlich Liebe und Leitung, Wärme und Werte.
Diese schöne und zugleich schwere Aufgabe kann auch ein alleinerziehendes Elternteil erfüllen, wenn sie oder er sich bewußt den vorhandenen Gefahren stellt.

Wichtigstes Heilmittel ist, daß Alleinerziehende sich, wo ein freundschaftliches Verhältnis (noch) nicht (mehr) möglich, so doch wenigstens ein sachliches Verhältnis zum abwesenden Elternteil erarbeiten und ihm den Umgang mit den Kindern nicht nur widerwilig gewähren, sondern erleichtern, ja sogar einfordern.

Das inzwischen im Scheidungsfall gesetzlich vorgesehene gemeinsame Sorgerecht ist ein wichtiger Schritt für die Bewußtseinsbildung der betroffenen Eltern. Wir bleiben vielleicht nicht lebenslang Mann und Frau, aber als Eltern „haben wir lebenslänglich".
Wichtig ist desweiteren, die Kleinstfamilie nicht alleine zu lassen, bzw. als solche nicht alleine zu bleiben. Die beiden Herkunftsfamilien, Freundes- und Bekanntenkreise sind das soziale Netz, das die nötige Hilfe bringen kann.
Der Sohn von Bekannten trennte sich plötzlich von seiner Frau. Das zweite Kind war gerade unterwegs. Im ersten Entsetzen über das ihm unverständliche Verhalten seines Sohnes erteilte der Vater ihm zunächst Hausverbot. Nach dieser erfolglosen Intervention, der Sohn hatte inzwischen eine neue Freundin, dachten die El-

Bitten Sie um Hilfe?

tern um: Sie richteten dem noch studierenden Sohn in ihrer nicht sehr großen Wohnung ein eigenes Schlaf- und winziges Kinderzimmer ein. Jedes zweite Wochenende wohnt er mit den Baby und dem zweijährigen Kleinkind bei seinen Eltern, damit er bei dem Bemühen seine Kinder nicht zu verlieren, ein vernünftiges Zuhause und Unterstützung mit dem Säugling hat.

Wichtig ist auch, sich als Alleinerziehende(r) Hilfe zu erbitten. In den meisten Fällen erfahren Väter sie schneller, weil, wie auch das obige Beispiel zeigt, Überforderung bei ihnen offensichtlich eher an- und wahrgenommen wird. Wenn eine Mutter Brüder, Großväter, Paten, Onkel, Nachbarn und verläßliche Freunde und Bekannte einspannen kann, so daß das väterliche Element so gut es geht, vertreten ist und auch sie selbst nicht in Isolierung gerät, ist viel geholfen.

Auch Selbsthilfegruppen der Betroffenen sind ein guter Weg, um aus Überforderung, Einsamkeit und Depression herauszufinden. Es ist erstaunlich, wie viele Leidensgenossen es schon in kleineren Ortschaften gibt und wie schnell eine lebendige Gruppe entsteht, wenn man die erste Scheu überwunden hat.

„Wer hat Interesse, sich mit anderen Alleinerziehenden und ihren Kindern zu treffen, zwecks gemeinsamer Wochenendunternehmungen und Erfahrungsaustausch?" Diese Annonce einer couragierten Hauswirtschafterin, alleinerziehende Mutter von drei Kindern, wurde ein durchschlagender Erfolg. Nicht nur, weil sie nach zwei Jahren im neugegründeten „Singleclub" ihren heutigen Mann fand, sondern weil die 12 Frauen und Männer mit insgesamt fast 20 Kindern dadurch die überfordernde Enge der Kleinstfamilie sprengten und so für sich und ihre Kinder entscheidende Hilfe erfuhren.

Kurz und gut:

Was die Wissenschaft inzwischen über die unterschiedliche und sich aufs Beste ergänzende Wirkung väterlichen und mütterlichen Erziehungsstils zu sagen hat, ist wirklich erstaunlich.

Wer hätte gedacht, daß der rauhbeinigere, väterliche Umgang sogar auch mathematische Folgen hat: Babywürfe, Schulterritte, Raufereien usw. fördern auch das räumliche Vorstellungsvermögen. Vielleicht beruhigt dieser verblüffende Zusammenhang die geplagte Mutter, wenn sie derartige Tobestündchen am Abend als wenig hilfreich empfindet. Gehen die lieben Kleinen danach doch frisch gestärkt in die nächste Runde, anstatt pünktlich und „lebenssatt" ins Bettchen zu sinken. Womit nicht gesagt sein soll, daß die väterlichen Bewegungsspiele durchaus abends statt zu finden hätten. Der Nachtruhe bekömmlicher sind um diese Tageszeit ganz sicher „mütterlich" – auch Väter sind des Lesens kundig! – ruhige, gemütliche Bilderbuch- und Schmusestündchen. Daß sie darüber hinaus die sprachlichen und emotionalen Fähigkeiten des Nachwuchses fördern, braucht wohl nicht mehr gesondert betont zu werden.

Kinder sind offenbar hervorragende Anthropologen: Sie erwarten sich intuitiv von Vater und Mutter Unterschiedliches und brauchen es für ihre ganzheitliche Personwerdung.

Mann- und Frau-, Mutter- und Vatersein ist eben doch kein austauschbares Rollenspiel: Wir *haben* nicht nur einen männlichen oder einen weiblichen Körper, sondern wir *sind* mit Leib und Seele Mann oder Frau. Nur, wenn wir unsere Unterschiedlichkeit nicht verleugnen oder verdrängen, können wir sie in ihrer ergänzenden Kraft nutzen. Es wird Zeit, daß wir die tiefe Weisheit des christlichen Menschenbildes, nach dem Leib und Seele eine Einheit bilden, für uns und unsere Kinder fruchtbar werden lassen. „Gott schuf den Menschen nach seinem Abbild. Als Mann und Frau erschuf er sie", so erzählt es uns die Bibel. In diesen beiden kurzen Sätzen ist Entscheidendes gesagt: Mann und Frau sind gleich*wertig,* aber nicht gleich*artig*. Dies anzuerkennen und die Polarität der Geschlechter nicht als trennenden Graben, sondern als Chance zur gegenseitigen Ergänzung zu sehen, ist eine Grundvoraussetzung gelingenden Lebens für Eltern und Kinder.

Zwischen Freiheit und Grenzen

Die Last der Vergangenheit

Spielraum als Ernstfall

Starke Eltern für starke Kinder

Freiheit durch Regeln, Routine und Reviere

Zwischen Freiheit und Grenzen

Die Last der Vergangenheit

Wir erwarteten gerade unser erstes Kind, als wir einer Bekannten begegneten, die angesichts meines dicken Bauches um ein Haar einen hysterischen Anfall bekommen hätte: Sie habe soeben ein Wochenende mit Schwiegertochter und ihrer ersten, gerade zweijährigen Enkelin hinter sich. Auf der Stelle müsse ich ihr versprechen, unser Kind nicht auch zu einem unsteuerbaren, kleinen Monster zu erziehen.

Kinder durften einmal alles

Unsere vorsichtigen Rückfragen brachten folgenden Sachverhalt zu Tage: Unter dem liebevollen Blick ihrer Schwiegertochter habe die Kleine u. a. die Silberbesteckschublade leeren und deren Inhalt in den Garten verschleppen dürfen, um damit im Sandkasten zu spielen, woselbst sie es offenbar weitgehend vergraben habe, denn es fehlten noch ... Ansatzweise konnten wir ihr Entsetzen verstehen, auch ohne zu wissen, was wir freilich im nächsten Atemzug erfuhren, daß die arme Frau dieses Besteck auf der Flucht vor den Russen eigenhändig in einem Leiterwagen von Ostpreußen bis Bayern gezogen hatte, versteckt unter den Windeln des künftigen Onkels des kleinen „Monsters". Ihre vorsichtigen Einwände habe die Schwiegertochter vom Tisch gewischt und sie gefragt: „Willst Du etwa eine weitere Generation obrigkeitsgläubiger Duckmäuser heranziehen? Menschen, die bei entsprechender Befehlslage ihren Sinn für Sauberkeit und Ordnung auch auf ethnischen Säuberungen übertragen?"

Wir schrieben das Jahr 1972. Die vernichtende Gesellschaftskritik der sogenannten 68er prägte die damalige politische Landschaft. Die Frage, wie sich das verbrecherische Regime der Nazis in einem der zivilisiertesten Länder Europas etablieren konnte, trieb die studentische Jugend um. Viele quälten sich mit der Vorstellung, die eigenen Eltern könnten zu den Tätern gehört haben und nach der Kapitulation schweigend zur Tagesordnung übergegangen sein, ohne sich mit der eigenen Schuld und den Verbrechen, die im deutschen Namen begangen wurden, auseinandergesetzt zu haben. Was sollte man tun, um solch himmelschreiendes Unrecht ein für allemal zu verhindern? Nächtelang diskutierte man mit Kommilitonen diese Fragen.

Eltern folgten Philosophen

Die Philosophen der Frankfurter Schule, wie Horkheimer, Habermas und Adorno meinten, die Wurzel des Übels gefunden zu haben. Schuld am kollektiven Versagen der Deutschen sei die Erziehung zum Gehorsam gewesen. Ohne die bürgerliche Familie, so mußte man ihren überzogenen Ausführungen entnehmen, hätte es einen Hitler nie gegeben. Denn Gehorsam sei das Grundverhalten des Kommandanten von Ausschwitz wie auch anderer Kriegsverbrecher gewesen. Es gelte also, dieses System von Autorität und Gehorsam, das die Gesellschaft als Ganze präge, zu überwinden und den Menschen aus jeglicher Fremdbestimmung, also von allen Abhängigkeiten und Herrschaftsstrukturen, folglich auch von allen bürgerlichen Normen und Traditionen zu befreien. Nur dann könne sich der einzelne zu einem freien, selbstbestimmten und mündigen, also demokratiefähigen Menschen entwickeln.

> Jede Revolution ist viel weniger Bauplatz der Zukunft als Auktion der Vergangenheit.
>
> Heimito von Doderer

Die Stoßrichtung der 68er wandte sich deshalb vor allem gegen die drei großen erzieherischen Kräfte der Gesellschaft: Familie, Kirche und Staat. Jegliche Autorität stand unter dem Generalverdacht bewußten Machtmißbrauchs.

Muß die Freiheit grenzenlos sein?

Kein Wunder also, wenn die antiautoritäre Erziehung, die in der berühmten Summerhill-Schule schon seit den 20er Jahren in England praktiziert wurde, dank der spezifisch deutschen, nämlich politisch-moralischen Begründung, in unserem Land eine enorme Durchschlagskraft entwickelte. Ihre Folgen sind bis heute zu spüren.

Die Kinder der 68er

Die Eltern, die heute in der Erziehungsverantwortung stehen, sind zum großen Teil schon Kinder jener Eltern, die das anfangs beschriebene Gewährenlassen der lieben Kleinen für eine erzieherische Tugend hielten, ja sogar für die wichtigste Voraussetzung der Entwicklung ihrer Kinder zu „freien", „emanzipierten" und

„autonomen" Menschen in einer „herrschaftsfreien", „mitbestimmten", und „basisdemokratischen" Gesellschaft.

Welch merkwürdige Blüten diese Einstellung schon im Verhältnis zwischen Eltern und ihren ganz kleinen Kindern trieb, veranschaulicht ein damaliges Erlebnis. Auf einem Bonner Kinderspielplatz saß eine junge Mutter, die in einem dicken Handbuch der Psychologie für ihre Prüfung büffelte. Ihre etwa zweijährige Tochter kippte nach mehrfachen erfolglosen Versuchen, die Aufmerksamkeit ihrer Mutter zu ergattern, ein Schäufelchen Sand in deren große Handtasche; keine Reaktion; sie untersuchte den Inhalt, nicht ohne einen Lippenstift zu öffnen, sich damit zu bemalen, ihn in den Sand zu tupfen ... keine Reaktion; sie entfernte sich zufrieden plappernd mit dem mütterlichen Strickzeug – damals ein Kennzeichen freiheitlich-progressiver Studentinnen, die unter den Augen der etwas irritierten Professoren während der Vorlesungen zu stricken pflegten –, rollte dabei das Knäuel auf und wickelte es bei ihren Erkundungsgängen um Schaukel- und Bankbeine, keine Reaktion; als sie schließlich unter lebhaften „Selbstgesprächen" auch noch die Nadeln herauszog und das Strickwerk aufzutrennen begann, sah die Mutter zufällig auf. Beim Anblick des angerichteten Chaos entrang sich ihr folgender Appell: „Ragna-Rebekka! Ich lasse Dir Deinen Lebensraum. Laß Du mir bitte den meinen!" Bei dieser theoretisch ebenso wertvollen wie praktisch wirkungslosen Kurzansprache blieb es. Weitere Maßnahmen wurden nicht ergriffen.

Psychologie für die Praxis ...

Sollte die Mutter ihren Erziehungsstil nicht nachhaltig korrigiert haben, dann wird die Tochter kaum je eine Grenzziehung, eine hilfreiche Wegweisung und Orientierung erfahren und wie viele andere die merkwürdig distanzierte Haltung ihrer Eltern nicht als Erziehung zu Toleranz und Mündigkeit, sondern als eine Art Desinteresse, ja als Gleichgültigkeit erlebt haben. Mit den entsprechenden negativen Folgen für Selbstwertgefühl und Lebensfreude. Vielleicht gehörte ihre Mutter aber auch zu den vielen Eltern, die auf Dauer schon aus purem Selbsterhaltungstrieb ihren Erziehungsstil umstellten und den Kindern das gaben, was sie brauchen für ein gelingendes Menschwerden, nämlich die richtige Mischung aus Freiheit und Führung, Liebe und Leitung, Wärme und Werten.

Spielraum als Ernstfall

Kinder sind Realisten. Einerseits erleben sie diese Welt als aufregende Herausforderung. Sie wissen: „Ich habe das Zeug dazu, hier etwas zu bewegen“, womit sie zweifellos Recht haben. Andererseits fühlen sie sich dieser großen weiten Welt gegenüber hilflos und ohnmächtig. Unsere Aufgabe ist es also, ihnen sowohl den altersgemäßen „Spielraum“ zu geben, sich diese Welt zu erobern, als auch ihnen durch klare Grenzen die nötige Geborgenheit zu geben.

„Das Wesen des Kindes ist Arbeit“

Zunächst zum Thema: Spielraum, um sich bewähren zu können. Schon die Kleinsten sind geradezu leistungsversessen. Welcher Mutter gellt nicht der Kampfschrei von Zwei- bis Dreijährigen in den Ohren: „Kann alleine!“? Selbst Anderthalbjährige bestehen mit einem stolzen „Selber!“ darauf, ihre Flasche selbst zu benutzen und ihren Brei selbst zu löffeln.

Wir sollten Kinder wirklich alles, was sie gefahrlos und vernünftigerweise alleine tun können, alleine tun lassen. Selbst dann, wenn es uns wertvolle Zeit kostet, zuzuschauen, wie sich etwa ein Socken in ihren Händen in einen hinterlistigen Gegner verwandelt. Lernerfolge motivieren zum Weiterlernen, und diese Motivation bleibt erhalten, je mehr Kinder lernen dürfen.

Die Psychologin Gisela van Laak formuliert in diesem Zusammenhang in ihrem sehr lesenswerten Büchlein „Die Kunst Kinder zu erziehen“ den wichtigen Grundsatz: „Probleme wegräumen, heißt Lernmöglichkeiten wegräumen.“ So klebrig und zeitraubend es auch sein mag, Mäxchen sein Honigbrot streichen und Julie die Fahrradkette montieren zu lassen, es bleibt dabei:

Verwöhnen macht schwach, Probleme bewältigen lassen macht stark.

Nützlich sein zu dürfen für die Familie macht zufrieden und ausgeglichen, „Schlaraffenland zu Hause“ macht faul und dumm.
Wir sollten als Eltern überprüfen, ob wir unseren Kindern die Möglichkeit geben, sich als nützlich zu erleben. Wer lieber alles selber macht, weil dies schneller und besser geht, der sollte bedenken: Das Gegenteil von nützlich ist nutzlos. Laut Duden bedeutet nutzlos: „unnötig, überflüssig, entbehrlich, abkömmlich, unnütz, nicht nützlich, ... wirkungslos“. Noch Fragen?

Für die Entwicklung gibt es Zeitfenster

Natürlich gibt es Abstufungen zwischen nützlich und nutzlos. Die meisten Eltern werden ihren Kindern etwas Mitarbeit abfordern. Dennoch habe ich zu Hause, bei Freunden und Bekannten den Eindruck gewonnen, es gäbe auch für das Erlernen von Mitverantwortung, Fleiß, Sauberkeit und Ordnung so etwas wie ein Zeitfenster im Hirn unserer Kinder. Lassen wir sie nämlich, solange sie noch klein und darauf erpicht sind, uns zu helfen, nicht mitarbeiten, dann scheint später keinerlei Veranlagung zur Hilfsbereitschaft mehr vorzuliegen. Vor allem die Jüngsten in einer größeren Geschwisterschar laufen Gefahr, nie altersgemäß wahr- und ernstgenommen zu werden; es gibt ja andere, „nützlichere" Geschwister, die geschickt den Tisch decken oder Kartoffeln aufstellen können. Auch Einzelkinder werden häufig unterfordert: „sie sind ja noch so klein ...", „das bißchen Haushalt ..." Die Folge davon ist eine geradezu märchenhafte Fähigkeit, sich unsichtbar zu machen, wenn Arbeit droht. Auch Drückebergerei kann zur hohen Kunst perfektioniert werden. Wer die günstige Zeit selbstverständlicher Arbeitsbereitschaft der Kinder verstreichen läßt, also mit der Erziehung zur Mitarbeit zu spät kommt, „den bestraft die Geschichte": Erst fühlen sich die Kleinen unterfordert und nicht ernstgenommen, dann aber, zumal in der Pubertät, „total genervt" und überfordert, wenn sie urplötzlich helfen sollen.

Eltern wiederum, vor allem Mütter, die sich auf Dauer mit allem alleingelassen sehen, empfinden sich überlastet und ausgenutzt, ihre Kinder als undankbar und fordernd.

Es ist in der Tat etwas Anderes, niedliche kleine Kindersöckchen abends zur schmutzigen Wäsche zu legen, oder Jahre später hinter stinkigen Socken Gr. 45 herzujagen, die aus unerfindlichen Gründen meist einzeln in der Wäsche landen und nur in den seltensten Fällen ihrem „Partner“ wieder zugeführt werden können.

„Logische Folgen“

Eltern, die anläßlich dieser oder ähnlicher Zumutungen nur schweigend leiden, oder sporadisch explodieren, ohne konkrete, nämlich „logische Folgen“ einkehren zu lassen, werden den Mißstand nicht aufheben. Gerade bei größeren Kindern und vor allem bei Jugendlichen sind „logische Folgen“ die Rettung aus Dauerstreit zwischen Eltern und Kindern. Sie empfiehlt der Psychologe RufolfDreikurs in seinem Buch „Kinder lernen aus den Folgen“ als Mittel zur Erziehung freier, selbstständiger und eigenverantwortlicher Menschen.
Die logische Folge *verschlampter* Socken sind *keine* Socken. Wer tagelang erfolglos in eine leere Wäscheschublade späht und ebenso lange sein einzig vorhandenes, zunehmend streng riechendes Paar anziehen muß, wer sich womöglich von seinem eigenen Geld etwas so Unspektakuläres wie Fußkleider kaufen muß, der wird in Zukunft etwas besser aufpassen. Einer unserer Söhne, ein wahrer „Sockenfetischist“, kettete schließlich seine Socken mit Sicherheitsnadeln aneinander, um nur ja nicht wieder zum Opfer der Schlamperei seiner Brüder zu werden.

Konsequenz kann hart sein

Mit Herz, Hirn und Händen handeln lassen.

Kinder wollen nützlich sein dürfen. Aber mit „nützlich“ ist mehr gemeint als nur hilfreich zu sein. Gemeint ist das allgemeine Weltwissen, womit mehr und anderes angesprochen ist als der Inhalt von „Was ist Was?“ Büchern. In ihrem anregenden, ja spannenden

Buch „Weltwissen der Siebenjährigen" schreibt Donata Elschenbroich: „Wissen heißt nicht, über etwas viel *reden,* sondern etwas *tun* können."

Ihre Liste des Weltwissens von Siebenjährigen sollte man nicht als Gewissensspiegel nutzen und vor lauter „Unterlassungssünden" beschämt zusammenbrechen. Unsere Kinder jedenfalls empfanden z.B. Museen meist eher als „Folter-" denn als „Wunderkammern".

Können Sie chinesisch?

Auch konnte keiner mit sieben eine E-mail senden, geschweige denn ein chinesisches Schriftzeichen malen. Dennoch ist Elschenbroichs lange Liste eine heilsame Anregung, sich zu fragen, ob die eigenen Kinder nicht beständig in ihren Möglichkeiten beschnitten sind, weil sie unterschätzt, verwöhnt oder bequemlichkeitshalber auf ein künstliches Kinderghetto beschränkt und vom wirklichen Leben, dem Ernstfall, ferngehalten werden.

Zugegeben, die Hühner, die unsere Kinder in diesem Alter rupften, waren alles andere als „bratfertig", das von ihnen gewickelte Baby alles andere als „wasserdicht" und die Filme, die sie drehten, kosteten den Videokameras meist das Leben und uns viel Geld. Aber dafür durften sie im Ernstfall leben: auf ihre Weise Verantwortung, Mitarbeit und Kreativität entwickeln. Dies bezog sich durchaus auch auf „Reparationsleistungen", die sie z. B. durch Verkäufe von selbstgemalten Bildern, Blumensträußen und Fallobst am nahegelegenen Waldrand mit seinen vielen Sonntagsspaziergängern zu erbringen versuchten.

Angesichts ihrer mangelnden Begabungen hinsichtlich der bildenden Künste, wozu in diesem Fall auch die floristischen Bemühungen zu zählen sind, zog sich die Schuldentilgung meist ungebührlich lang hin. Immer neue Einkommensquellen mußten erschlossen werden. Auch dies ein wertvoller Bestandteil ihres

Weltwissens. So führte ihr beständiger Geldmangel dazu, daß sie mit steigenden musikalischen Fähigkeiten in den unterschiedlichsten Bläsergruppen mitspielten, um zu einträglichen Engagements zu kommen. Für die geplagte Mutter wurde dadurch etwa der November zum Alptraum. Es gibt, glaube ich, keinen Kindergarten, keinen Marktplatz im größeren Umkreis, den ich nicht trotz Regen und Sturm anfuhr, um eine Autoladung Blechbläser abzusetzen, die dann den im Rheinland sicher beliebtesten Heiligen mit Pauken und Trompete, Posaune und Horn durch die Straßen geleiteten: St. Martin. Tagelang war an Hausaufgaben oder ähnlich nebensächliche Dinge nicht zu denken. Aber ihr Weltwissen vervielfachte sich: um musikalische Fertigkeiten, Heimatkunde, Selbstdisziplin bei eisigem Wetter, Motivationskünste gegenüber der durchfrorenen Mutter, die sich wieder und wieder fragte, warum ausgerechnet sie als Chauffeur die Last der Verdienstmöglichkeiten ihrer Kinder tragen müsse. Sie bliesen und bliesen, ihr Konto füllte sich. Altschulden konnten abgetragen und neue ins Auge gefaßt werden; etwa für den Fall, daß man die Autotür eines fremden Besuches am Griff mit Penatencreme präparieren würde und die nagelneue Lederjacke des Fahrers dann leider für eine nicht unerhebliche Summe gereinigt werden müsse .... Auch eine Form des Weltwissens: die Folgen des eigenen Handelns einschätzen zu lernen.

Not macht erfinderisch

Kinder sind Macher. Sie machen zu lassen, macht Sinn, selbst dann, wenn sie Unsinn machen.

Denn auch im Unsinn steckt das Wort Sinn, weshalb auch der Unsinn Kinder Wertvolles über Sinn lehrt. Und noch etwas: Sinn und „Sinne" stammen aus ein und derselben Wortwurzel. Nur wer mit allen Sinnen diese Welt erkunden darf, kommt zu „Sinn-vollen" Ergebnissen. Es geht nicht primär um eine intellektuelle Leistung beim Erwerb lebenswichtigen Weltwissens. Es geht darum, Geschmack an dieser Welt zu bekommen, sie zu „be-greifen", sie zu erkennen und den Anruf dieser Welt zu hören und zu erhören, im Schönen wie im Schweren.

Schweres nicht ausblenden

Wieso Leid nur im Fernsehen?

Gerade bei Letzterem neigen wir heute dazu, unsere Kinder in einer Scheinwelt zu halten. Zwar muten wir ihnen die schlimmsten Bilder aus der Ferne zu, in Nachrichten oder Spielfilmen. Krankheit, Leid und Tod in der Nähe aber werden häufig vor ihnen verborgen und verdrängt:

In unserer Nachbarschaft starb die Mutter eines siebenjährigen Jungen. Bis zur Beerdigung waren die Erwachsenen beschäftigt mit organisatorischen Dingen, so daß der Kleine kaum einen Ansprechpartner hatte. Der Vater versuchte, ihm per Telephon einen seiner Freunde einzuladen. Drei von vier Müttern sagten ab, ohne ihr Kind überhaupt gefragt zu haben. Der Grund: Sie meinten, ihm die Situation nicht zumuten zu dürfen. Die vierte Mutter schließlich traute ihrem Sohn die Aufgabe zu. Zu Recht. Mit angespanntem Gesichtchen kam er ins Zimmer, verweinte Gesichter schwarzgekleideter Erwachsener schauten ihm entgegen. Er lief ohne zu Zögern auf seinen Freund zu, und zog ihn Richtung Kinderzimmer mit der durchaus treffenden Bemerkung: „Komm wir gehen, hier ist nichts los." Seinen Freund gut kennend, fragte er, der sonst viel lieber Fußball spielte, ob sie zusammen malen wollten. Es war in dieser Situation genau der richtige Vorschlag.

Völlig überraschend starb die Lehrerin einer dritten Grundschulklasse. Die eilig einberufene Klassenpflegschaftsversammlung (es hätte auch der Elternbeirat sein können) beschloß mit 3 Gegenstimmen, die Kinder nicht zur Beerdigung mitgehen zu lassen, dies sei eine zu große seelische Belastung. Als die Vertretungslehrerin am nächsten Tag nichtsahnend mit den Kindern über das Geschehen und die bevorstehende Beerdigung sprach, stellte sich heraus, daß alle Kinder fest damit rechneten, auf die Beerdigung ihrer Lehrerin zu gehen. Obwohl die Eltern davon informiert wurden, nahm nicht einmal die Hälfte der Klasse an der Beerdigung teil. Die Schüler, die nicht dabei waren, so erzählte die Nachfolgerin auf dem nächsten Elternabend, hatten es schwerer, sich mit der neuen Situation abzufinden.

Durchlebtes Leid – verkraftetes Leid

Ein letztes Beispiel: Ich besuchte eine schwer krebskranke Bekannte. Unser vierjähriger Sohn wollte unbedingt mit. Nach anfänglichem Bedenken sagte ich ja. Der Junge war ein Segen. Völlig unbefangen setzte er sich auf die Bettkante der Kranken, erzählte ein bißchen, dann ging er spielen. Als der Abschied nahte und ich, wissend, daß sie bald sterben würde, nach Worten suchte, kam mir, der Erwachsenen, der ausgebildeten Theologin, der Vierjährige zu Hilfe. Er kletterte wieder auf ihr Bett, gab ihr einen dicken Kuss, und sagte tröstend: „Wir kommen ganz bald wieder." Dem brauchte ich mich nur noch anzuschließen. In dem „ganz bald" war das Wissen enthalten, daß nicht mehr viel Zeit war. „Dann müßt ihr Euch aber beeilen." sagte die Kranke, und der Kleine antwortete. „Ich weiß." Wieder hatte er mir geholfen. Jetzt fiel es mir leichter „ich auch" zu sagen und ihr zu versprechen, für sie zu beten. Wir brauchten uns nicht mehr zu beeilen. Am nächsten Tag schon starb sie.

Kinder sind viel belastbarer als viele Eltern denken. Wir dürfen ihnen die kummervollen Seiten des Lebens nicht vorenthalten, sonst nehmen wir ihnen die Möglichkeit, ihr starkes und mitfühlendes Herz einzusetzen.
Es verkümmert, wenn es nie trösten, helfen und Anteil nehmen darf. Hinzu kommt: Kinder spüren sehr gut, wenn wir ihnen etwas nicht zutrauen. Folglich verlieren sie ihr Selbstvertrauen, ihre Selbstverständlichkeit und beginnen sich zu fürchten vor Leid und Tod. Sie schauen weg, wenn sie eigentlich helfen könnten. Und noch etwas kommt hinzu: Verdrängtes und Unsichtbares nimmt in der Phantasie immer beunruhigendere Gestalt an.

Zumindest ist dies meine eigene Erfahrung. Als ich fast vier Jahre alt war, starb meine kleine Schwester in einer Klinik, 300 km von zu Hause entfernt. Erst zur Beerdigung wurde sie überführt, so daß wir Geschwister keine Gelegenheit mehr hatten, sie zu sehen, uns von ihr zu verabschieden. Die Folge war, daß mich jahrelang die schrecklichsten Phantasien quälten, wie tote Menschen wohl ausschauen würden.
Dem kleinen Jungen aus der Nachbarschaft war es besser ergangen. Seine Mutter hatte zu Hause sterben können. Ihr Leichnam blieb noch bis zum nächsten Tag im Haus. Lange, lange und immer wieder hatte der Kleine auf dem Schoß seines Vaters am Bett seiner verstorbenen Mutter gesessen. Er hatte sich davon überzeugen können, daß sie, obwohl sie wie ein junges, schlafendes Mädchen aus-

Einem Geheimnis auf der Spur

sah, tot war, sich nicht mehr bewegen, ihm nicht mehr antworten, ihn nicht mehr umarmen konnte. Der Körper, der da vor ihm lag, war wie eine leere Hülle. Eine Hülle, die sie liegen gelassen hatte, auf ihrem Weg in das neue Leben im Himmel. Genau wie der Schmetterling, von dem er im Kindergarten gelesen hatte; der aus der „kleinen Raupe Nimmersatt" geschlüpft, ihren Körper abgestreift hatte, und wunderschön, mit bunten Flügeln, in die Freiheit geflogen war.
Es war eine Erklärung, die ihn tröstete und ihm einleuchtete. Vielleicht weil er in den Wochen davor wiederholt Bilder mit Schmetterlingen gemalt hatte, die aus dunklen Farben ins Helle flogen. Nicht von ungefähr. Psychologen sagen, daß Kinder auf diese Weise ihre Ahnung von einem nahen Tod ausdrücken. Wie schön, daß Christen diese Bilder von Schmetterlingen verstehen und bestätigen können: Ja, dort im Hellen, im Licht Gottes, wird ihr nichts mehr weh tun, sie wird keine Spritzen und keine Bettpfanne mehr brauchen, Gott wird ihre Tränen abwischen und sie wieder „heile" machen, heiler als wir hier je sein können. Deshalb wird sie ihn auch immer begleiten können mit ihrer Liebe, wohin er auch geht …
Wenn wir unsere Kinder in Leid und Not nicht alleine lassen, sie nicht belügen und aussperren, sondern ihnen liebevoll und einfühlsam Zugehörigkeit ermöglichen, dann wächst ihnen dabei ein Weltwissen zu, das wirkliche Lebenshilfe ist.

Starke Eltern für starke Kinder

Wie gesagt: Einerseits erleben Kinder und Jugendliche diese Welt als aufregende Herausforderung. Sie wollen mitmischen, sie gestalten und sich bewähren können.

Andererseits spüren sie genau, wie unwissend und ohnmächtig sie dieser verwirrenden, nicht ungefährlichen Welt gegenüberstehen.

Kinder und Jugendliche haben ein eindeutiges Bedürfnis nach Grenzen und Strukturen. Sie sehnen sich geradezu nach starken, verläßlichen und berechenbaren Eltern, unter deren Schutz und Anleitung, sie sich diese komplizierte und spannende Welt altersgemäß entschlüsseln und erobern können.

Erleben sie stattdessen schwache, verwöhnende oder gar unbeteiligte Eltern, dann wird ihr Hunger nach klaren Grenzen, berechenbaren Reaktionen und Strukturen, hilfreichen Anleitungen und interessanten Aufgaben immer größer. Ihre Versuche, die Eltern zu einem „Machtwort" zu zwingen, folglich immer provokanter.

„Um Watschen betteln?"

Jeder von uns kennt solche Situationen. Es kommt Besuch, man will sich in Ruhe unterhalten; der vierjährige Sohn des Hauses versucht nach einigen vergeblichen Versuchen, sich in das Gespräch zu drängen, durch Besteigen der Polstermöbel die Aufmerksamkeit der Mutter auf sich zu ziehen. Bleibt dies ohne Reaktion, so wird er bestimmt seinen Einsatz steigern, mit der Kuchengabel auf seinem Teller trommeln oder mit der vollen Kaffeetasse erst vorsichtig, schließlich immer nachdrücklicher kippeln. Ein regelmäßiges, zunehmend verzweifeltes „Robin, laß das bitte" beeindruckt unseren gewieften Grenzgänger keineswegs, – er wird, die Schwachstellen seiner Mutter kennend, stärkere Kanonen auffahren und höchstwahrscheinlich beginnen, die Cremetorte in den Teppich zu massieren. Eine unfehlbare Methode, fast jede Mutter zum Handeln zu zwingen.

In Süddeutschland nennt man solches Benehmen der Kinder: „Um Watschen betteln." Watschen wären sicher die falsche, weil ein Kind demütigende Methode. Sie würde nur zu einer Steigerung der kindlichen Aggression und zu einer Verhärtung der Fronten zwischen Eltern und Kindern führen. Richtig an diesem Spruch ist jedoch das Wörtchen „betteln". Unser Robin bettelt in der Tat; er bettelt um vier verschiedene Dinge, die mit den Grundbedürfnissen eines jeden Kindes zu tun haben.

Vier Grundbedürfnisse

In Anlehnung an die Individualpsychologie von Alfred Adler faßt der sehr empfehlenswerte Elternkurs Kesserziehen („Kess" für Kooperativ – ermutigend – sozial – siutationsorientiert) diese wie folgt zusammen:

- dazu gehören und sich geliebt fühlen,
- wichtig sein und Bedeutung haben,
- sich fähig fühlen und Einfluß nehmen können, und
- sich geborgen und sicher fühlen.

Ein Gast, der die Mutter plötzlich in Beschlag zu nehmen scheint, muß ein Kind verunsichern. Gehöre ich noch dazu? Bin ich womöglich jetzt nicht mehr wichtig? Kann ich diese Situation überhaupt nicht mehr beeinflußen? Warum ist Mami plötzlich so komisch und

läßt mir alles durchgehen; bin ich womöglich stärker als sie? Wer gibt mir dann Sicherheit und Schutz?
So oder ähnlich „lauten" die unbewußten Vorgänge im Kind.
Ein Erziehungsberater würde nun etwa folgenden Rat geben:
Mutter hätte dem Kleinen von vorneherein erklären müssen, daß ein Gast kommt, der nun für eine kurze Zeit mit Erzählen an der Reihe sei. – *Robin fühlt sich geliebt und wichtig, weil ihm erklärt wird, was kommt.* – Er dürfe wählen, ob er mit den Großen Kuchen essen und auch wie ein Großer gut zuhören oder still spielen wolle. Wolle er lieber ein bißchen lauter spielen, dann könne er dies in seinem Zimmer tun. – *Er ist wichtig und hat Einfluß, weil er selbst entscheiden darf.* – Schon beim ersten Störversuchen sollte die Mutter ihn an diese Regelung erinnern und ihm die Wahl lassen: Wenn Du lieber im Wohnzimmer bleiben willst, dann nur, wenn Du still spielst, möchtest Du lieber laut sein, dann kannst du dies in Deinem Zimmer tun. – *Er fühlt sich sicher und geborgen, weil die Mutter das Einhalten ihm bekannter Regeln einfordert.* – Testet der Kleine die Entschlossenheit seiner Mutter ein zweites Mal, dann sollte sie ihn *sachlich und ruhig* in sein Zimmer führen und ihn dort, zunächst möglichst bei offener Tür – Kinder hassen geschlossene Türen, da sie möglichst nah bei ihren Eltern sein wollen – hantieren lassen … – *Er fühlt sich, bei allem Ärger, sicher und geborgen, weil die Mutter das Einhalten ihm bekannter Regeln durchsetzt.*

Kinder hassen geschlossene Türen

Auszeiten

„Sachlich und ruhig". Diese beiden Adjektive ließen mich, als wir vier Kinder unter 6 Jahren hatten, nur müde lächeln. Eins der Kinder hörte auf den geheimnisvollen Kosenamen „Unge-schnunge“: der Versuch das Wörtchen „Ungeheuer“ unauffällig zu umschreiben, dessen Bedeutung aber im Auge zu behalten. Wie soll man bitte „ruhig und sachlich“ bleiben, wenn das eigene Kind, dreijährig und wie ein Engel anzusehen, zum Ungeheuer mutiert, in dem Moment, wo sich Gäste am Horizont zeigen. Wie soll man „ruhig und sachlich“ bleiben, wenn „Unge-schnunge“ seinem Namen wieder einmal alle Ehre macht, eine Teetasse ergreift und sie vorsätzlich auf der Glasplatte des Couchtisches zerschellen läßt. Anschließend, seine entgeisterte Mutter fest im Blick, die nächste Tasse ergreift und sie, ohne den Blick von seiner Erziehungsberechtigten zu wenden, blitzschnell über die Schulter nach hinten an die Wand schmettert. Bleiben Sie dann bitte ruhig und sachlich. Ich jedenfalls stieß einen noch nie gehörten Wutschrei aus, rannte um den Tisch herum, griff mir das Bürschchen, gab ihm einen Klaps auf das Hinterteil, setzte ihn vor die Tür und hielt diese eisern zu, bis sein Wutgeschrei, seine Tritte und Klinkenrütteln allmählich verebbten. Nach ein paar Minuten wurde mir die eingetretene Ruhe unheimlich, ich öffnete die Tür und fand ein friedliches, handzahmes Wesen vor, das selig auf meinen Vorschlag einging, sich ein Bilderbuch zu holen und es sich gemütlich bei uns im Wohnzimmer anzuschauen. Meine Erleichterung allerdings war grenzenlos, als er auf dem Weg ins Spielzimmer auf etwas Spannenderes stieß und uns darüber vergaß.

„Ungeschnunge“ schlägt zu

Noch heute bin ich dankbar, daß diese kaltblütig vom Zaun gebrochene Machtprobe des kleinen Gästefeindes – er weigerte sich beharrlich je einem Besucher die Hand zu geben – uns zur Entdeckung der „Auszeit“ verhalf. Sie war gerade im Umgang mit diesem Kind ein pädagogisches Wundermittel. Ganz wohl fühlte ich mich anfangs nicht, wenn ich „Unge-Schnunge“ in regelmäßigen, nach und nach glücklicherweise immer länger werdenden Abständen vor die Tür setzte oder in sein Zimmer brachte. „Ein Kind braucht doch Gemeinschaft und Liebe; und was machst Du? Du isolierst und verstößt ihn“, so räsonierte ich nächtens, wenn Probleme sich im Halbschlaf zu Gebirgen auftürmen, die bei Licht betrachtet, höchstens die Größe einer Hundehütte haben; was allerdings beunruhigend genug ist.

Cool down …

Warum solche „Abkühlzeiten“ hilfreich sind, habe ich erst verstanden, als ich auf das Buch von John Gray stieß: „Kinder sind vom Himmel. Fünf Freiheiten, die Kinder stark machen“.

„Auszeiten“ sind offenbar ein geradezu unentbehrliches Erziehungsmittel bei Konflikten zwischen Eltern und Kindern. Freilich nur dann, wenn sie nicht wie Strafen oder Demütigungen, sondern wie Erholungs- und Denkpausen gehandhabt werden. Wie beim Eishockey.

Sie ermöglichen dem Kind, so Gray, Widerstand leisten zu können, ohne daß sich die Fronten verhärten; sie erlauben ihm, seine Gefühle auszuleben und dadurch wieder unter Kontrolle zu bekommen, so daß es nach einiger Zeit, die es auf Dauer selbst bestimmen darf, bester Dinge wieder erscheinen und einfach zur Tagesordnung übergehen kann.

So war es auch bei uns. Ein „Aufarbeiten“ der vorangegangenen Szene hätte nur zu erneuten Widerständen geführt. Auf Dauer reichte es, „Unge-schnunge“ zu fragen, ob er für eine „Pause“ selbst in sein Zimmer gehen oder dorthin getragen werden wolle. Dann verschwand er, meist „unter Absingung häßlicher Lieder“, aber er verschwand; auf seinen eigenen Füßen, ohne die Schmach, wie ein tobender Derwisch davongetragen werden zu müssen. Und er kam wieder, abgekühlt, kooperativ und unternehmungslustig.

Freiheit durch Regeln, Routine und Reviere

Warum erzähle ich dies so ausführlich? Weil ich heute mehr und mehr Eltern erlebe, die aus Angst vor solchen Szenen, vielleicht auch aus Gleichgültigkeit oder mißverstandener Toleranz zulassen, daß ihre Kinder zu Tyrannen werden.

Wer seinen Kindern keine Grenzen setzt, der riskiert, daß das Kind unrealistische Erwartungen an die Erfüllbarkeit seiner Wünsche entwickelt und gefährliche Größenphantasien nährt. Es empfindet sich als Nabel der Welt und wird kaum in der Lage sein, die Bedürfnisse anderer wahrzunehmen und zu berücksichtigen. Unnötig zu sagen, daß solche Kinder unbeliebt und daher unglücklich sind.

Unnötig zu sagen, daß sie nur schwer zu freien Menschen heranreifen, sondern häufig gebunden bleiben an sich selbst und ihre momentanen Bedürfnisse. Folglich tun sie sich schwer, gegen Widerstände erfolgreich an und mit Frustrationen um zu gehen. Selbstmitleid und Groll gegen die böse Welt statt Eigeninitiative und Verantwortungsgefühl prägen schon heute die Lebenshaltung vieler Heranwachsender.

Drei große „Rs" und „Zs"

Im Leben von Kindern, so sagen erfahrene Pädagogen, müsse es *drei große „Rs"* geben: *Regeln, Reviere und Routine.* Wenn dazu die *drei großen „Zs"* kommen, nämlich *Zeit, Zuwendung und Zärtlichkeit* dann ist die richtige Mischung gegeben.

Vorsicht! Kinder sind die geborenen Gewerkschaftler

Routine ist gerade für aufgeweckte und willensstarke Kinder besonders wichtig. Der Alltag mit klaren Strukturen und einem verläßlichen Tagesrhythmus gibt Kindern einerseits Sicherheit und Geborgenheit, andererseits einen verläßlichen Rahmen für selbstbestimmte Aktivitäten. Soweit es geht, müssen wir ihnen diese ermöglichen, damit sie selbstbewußte, eigenständige und schöpferische Menschen werden. Und weil diese Charakterzüge eigentlich in allen Kindern stekken, nutzen sie Ausnahmen wie Gäste, Kindergeburtstage, Ausflüge, Feiertage, Kirchgang, Restaurantbesuche usw. sofort, um ihren Spielraum auszutesten.
Daher ist es wichtig, daß die unvermeidlichen „Eckdaten" des Lebens feststehen. Beispielsweise darf der Morgen- und Abendritus nicht jedes Mal neu zur Disposition gestellt werden. Sonst wird man Opfer beständiger Diskussionen und immer neuer Verhandlungsrunden. Kinder sind anscheinend die geborenen Gewerkschaftler: Höchstforderungen, anschließend sofortige Besitzstandswahrung.
Bleiben Eltern schon bei ihren Zwei- bis Dreijährigen fest und gleichzeitig freundlich, und stellen sie z.B. so einleuchtende und leicht zu befolgende Regeln auf, wie etwa: „nur gewaschene und angezogene Leute können mit gewaschenen und angezogenen Leuten frühstücken", dann ist die Situation und ihre Folgen

klar. Das Kind kann wählen, ob es sich, je nach Alter, waschen und anziehen (lassen) will, oder ob es lieber im Schlafanzug herumtrödelt, dann aber das Frühstück verpaßt. Keine Angst: so schnell verhungert ein Kind nicht. Versäumte es ein bis zwei mal das Frühstück und die Gemeinsamkeit mit den Eltern, wird es sich sehr schnell dazu entscheiden, zu den gewaschenen Leuten gehören zu wollen und wir als Eltern brauchen nicht beständig zu ermahnen, zu nörgeln und zum schlechten Schluß zu schimpfen.

Das Gleiche gilt für das Zubettgehen. Unsere Kinder liebten die sogenannte Abendorgie; daß sie mit Schlafengehen verbunden war, nahmen sie hin wie Regenwetter. Nach dem Waschen oder Baden wurde ungefähr eine halbe Stunde gemütlich vorgelesen. Wenn dann alle in ihren Betten lagen, beteten und sangen wir noch eine Schlaflied auf der jeweiligen Bettkante, und nach Küßchen, Umarmung und dem unvermeidlichen Kurzschwätzchen, hieß es „Licht aus“. Bei den Kleinen, bis ca. sechs Jahren um 19 Uhr und bei den Großen, bis ca. 12 Jahre, spätestens um 20 Uhr. Eine wahre Orgie an Zeit, Zuwendung und Zärtlichkeit, aber eben auch an Regeln, Riten und Routine.

Abendorgien mit Zeitlimit

Jetzt, da die Kinder groß sind und es sicher verstehen werden, gestehe ich gerne, daß mir diese „Abendorgie“ oft wie ein letzter großer Kraftaufwand bevorstand und ich mich manchmal fühlte, als habe es mit der angeblich unerschöpflichen Mutterliebe Schlag 20 Uhr ein jähes Ende. Wer dann mit fadenscheinigen Argumenten wieder im Wohnzimmer erschien, fand keine sehr liebenswürdige, sondern eine ziemlich trockene bis grantige Mutter vor. Folglich blieben sie lieber im warmen Bett.

Die dennoch unvermeidlichen Versuche, schon im Vorfeld das Schlafengehen aufzuschieben, hören unter

einer Voraussetzung sehr schnell auf: Der Startschuß zur Abendorgie muß uns ernst sein. *Wer „jetzt" sagt, muß auch „jetzt" meinen und danach handeln.*
Die Erklärung, Trödeln würde die wertvolle Zeit des Vorlesens und Schmusens auf der Bettkante auffressen, muß genau diese „logische Folge" haben.
Reicht dies nicht, dann tritt die nächste „logische Folge" ein. Nämlich, daß Mami nach sieben oder acht Uhr, je nachdem, was man für einen Rhythmus eingeführt hat, keine Zeit mehr hat, zum Ins-Bett-Bringen. Susi muß leider alleine ins Bett gehen. Entscheidend ist, diese für alle Beteiligten äußerst ungemütliche Konsequenz durchzuhalten: Susi wird, nach mehrmaligen, ruhigen und sachlichen (!) Rücktransporten ins Kinderzimmer selber einschlafen, während Vater und Mutter, die Ohren in Richtung Kinderzimmer, im Magen das Gefühl reiner Rabeneltern, wie auf Kohlen sitzen. Spätestens am dritten Abend wird sich Susi pünktlich ausziehen, waschen, ins Bett bringen lassen und höchstwahrscheinlich selig und zufrieden einschlafen.

Heute fällt es Eltern besonders schwer, eine gleichbleibende Alltagsroutine zu entwickeln. Ungebunden, flexibel, spontan und mobil: das sind die heutigen Spitzenwerte, im Arbeitsleben und in der Freizeit. Kinder aber brauchen genau die gegenteilige Lebensführung: stabile Bindungen, einen verläßlichen Tagesrhythmus, berechenbare, konsequente Reaktionen der Eltern und ein gleichbleibendes Umfeld.

Gerade die Kleinen sind auf einen geregelten Tagesablauf angewiesen. Wünscht sich die übermüdete Mutter nichts sehnlicher als daß „Baby“ ein verläßliches Vormittagsschläfchen und einen ausgedehnten Mittagsschlaf halte, damit sie mit mindestens zwei Stunden Ruhe für sich und ihren ins Chaos tendierenden Haushalt hat, dann wäre sie gut beraten, diese Zeiten nicht ausgerechnet zu einem Blitzbesuch mit Kind im Einkaufszentrum der Stadt oder zu ähnlich „Reiz-vollen“ Unternehmungen zu nutzen. Wenn „Ausnahmen“ zum Normalfall werden, kann sich kein Rhythmus einstellen. Sollen Babys und Kleinkinder einen regelmäßigen Schlafrhythmus lernen, dann brauchen sie Ruhe und keine Reize, ihre gewohnte Umgebung und keine Abwechslung.

Ausnahmen müssen Ausnahmen bleiben

Dasselbe gilt für das abendliche Einschlafen. Für viele Babys und Kleinkinder sind abendliche Einladungen oder sonstige Unternehmungen, zu denen sie mangels Babysitter mitgeschleppt werden, wirkliche Stolpersteine auf ihrem Weg zu einem für alle Beteiligten unkomplizierten und gesunden Schlafrhythmus.

Ruhige Nächte?

Überhaupt das Schlafen. Hier zeigt sich schon in den ersten Wochen, daß Kinder Traditionalisten der gefährlichsten Sorte sind. „So wie es war, muß es für immer bleiben.“ Die jeweilige, von Eltern unter Umständen listenreich ersonnene Einschlaferfahrung wird durch verzweifeltes Geschrei mitten in der Nacht „eingeklagt“. War Baby im fahrenden Auto eingeschlafen, muß um 2 Uhr früh dieses Gefühl wieder hergestellt werden. War die letzte Empfindung vor dem Einschlafen Mamas wohlschmeckender Busen, Papas haarige Brust oder auch das anheimelnde Rütteln einer Waschmaschine im Schleudergang, so muß genau dieses Gefühl wieder her, wenn „Baby" plötzlich aufwacht und sich kurz davon überzeugen will, ob alles o.k. ist. Keine wohlschmeckende Milch? Weder haariger noch körperwarmer Untergrund? Kein Dröhnen und Rütteln? Das bedeutet, *nichts* ist o.k. *Nichts* ist so, wie es beim Einschlafen war, offensichtlich ist Gefahr in Verzug, da hilft nur: Brüllen, bis einer kommt und das alte Einschlafmuster wiederherstellt.

„Ist alles ok, auch nachts?"

In dem für gestreßte Eltern und Großeltern von Säuglingen und Kleinkindern äußerst empfehlenswerten Buch „Jedes Kind kann schlafen lernen" erklären die Autoren Kast und Morgenroth genau, warum unsere Kinder gerade beim Schlafen auf eine gleichbleibende Routine des Einschlafens angewiesen sind: Jeder Mensch wird nachts mehrfach wach, damit sein „Warnsystem" kurz überprüfen kann, ob alles in Ordnung ist. Gibt es keine außergewöhnlichen Geräusche, Gerüche oder Bewegungen im Zimmer, schläft man gewöhnlich schnell wieder ein. Manch einer schört Stein und Bein, er habe wie besagter Stein durchgeschlafen. Schlafforscher belehren uns eines Besseren. Auf Tiefschlafphasen folgen Traumschlaf-Phasen. Danach gibt es ein Kurz-Aufwachen. Bei Kindern geschieht dies ungefähr siebenmal pro Nacht, besonders ab 3 Uhr früh. Auch sie prüfen intuitiv ab, ob alles wie gewohnt und nichts Beunruhigendes feststellbar ist. Wenn ja , schlafen sie sofort wieder ein.

Wenn nein, schlagen sie Alarm. *Alles* muß so sein, wie es beim Einschlafen war, sonst wird um Hilfe geschrien. Wir tun also gut daran, Einschlafbedingungen zu schaffen, die sie sich selbst herstellen können, um beruhigt wieder einschlafen zu können.

Also: Das Kleine *wach,* d.h. *nicht schlafend* ins Bett legen, eventuell mit einem weichen Kuscheltuch. Dann kann es bei seinen nächtlichen Kontrollen aus eigener Kraft feststellen: es hört, fühlt und riecht sich so an, wie vorhin, also alles o.k.; ich kann in Ruhe weiter schlafen.

Elternhaus und Schule, eine notwendige Partnerschaft

Ein weiteres Thema, bei dem die gleichbleibende Alltagroutine mit klaren Regeln die Lösung schlechthin ist, ist die Schule. Zwar gehen viele Kinder durchaus gerne zur Schule; selbst dann, wenn sie nicht zu den beneidenswerten Überfliegern gehören, die gar nicht wissen, wie man eine „Drei" schreibt, von schlechteren Noten ganz zu schweigen. Die täglichen Hausaufgaben jedoch sind für fast alle Schüler ein lästiges Übel, das von den wirklich wichtigen Dingen im Leben wie Fußballspielen oder Telefonieren abhält. Für manche sind sie sogar die reinste Qual.

Merkwürdigerweise ist dies kein Widerspruch zur oben aufgestellten These, Kinder seien von Natur aus wissbegierig und lernfreudig. Das sind sie. Aber ihre Interessen decken sich nur in den seltensten Fällen mit den Gebieten, die gerade in der Schule anstehen. Auch ist nicht jeder Lehrer genau der Typ, um dessentwillen womöglich sogar die Klimatabellen der nördlichen Erdhalbkugel zu den spannendsten Themen der Welt werden. Zwar ist dies durchaus möglich, wie ich mit Staunen beobachtete, als die Klasse unserer Tochter sich wie „ein Mann" in ihren jungen, sympathischen Klassenlehrer verliebte. Alles, was er sagte, tat, an die Tafel schrieb und zeichnete, und waren es gleichschenklige und rechtwinklige Dreiecke, war einfach wundervoll. Welch seltener Glücksfall für einen Mathelehrer, der eine pubertierende Mädchenklasse in die Geheimnisse der Geometrie einweisen soll.

Von solchen Ausnahmezuständen einmal abgesehen, sind Kinder, wie die meisten Erwachsenen auch, bequem. Um nicht zu sagen, faul, wenn es sich um Dinge handelt, die zwar mit Anstrengung verbunden sind, aber keinen allzu großen Lustgewinn versprechen.

Eltern müssen also ihren Kindern möglichst „ruhig und sachlich“ klarmachen, daß Schule und Hausaufgaben zu den unvermeidlichen Dingen des Lebens gehören, wie Essen, Waschen und Schlafengehen.

Die Betonung liegt hier auf „klar*machen“,* nicht auf „klar *sagen“*. Die Macht der Worte ist begrenzt; gerade bei ungeliebten Dingen pflegen Kinder schnell muttertaub zu werden und Predigen, Ermahnen, Meckern, Nörgeln und Schimpfen verhallen ungehört. Nur unser Handeln, unser Verhalten kann Kindern Schule und Hausaufgaben so selbstverständlich werden lassen wie das Abtrocknen nach dem Baden: Tut man es nicht, fühlt man sich ungemütlich, und das dicke Ende kommt nach.

Das gemeinsame Essen, „Filetstück“ des Familienlebens

Das ganze familiäre Umfeld mit seinem gleichbleibenden und bergenden Rhythmus spielt dabei eine große, vermutlich sogar die wichtigste Rolle. Da ist zunächst das gemeinsame, warme Essen nach der Schule für Kinder wie Eltern von hohem Wert; mittags wird, wenn überhaupt, meist die Mutter da sein. Sind beide Eltern ganztags berufstätig, dann ist ein gemeinsames Abendessen um so wichtiger, damit aus dem „Teilzeitkind“ und den „Teilzeiteltern“ am Abend wieder eine Familie wird. Die einen können erzählen, was ihnen *auf* dem Herzen, die anderen erfahren beiläufig, was ihnen *am* Herzen liegt: Informationen vom Leben des anderen.

Die meisten Kinder haben bei ihrer Rückkehr nach Hause ein enormes Mitteilungsbedürfnis. Wenn wir sie einfach erzählen lassen, ohne sie auszufragen, dann werden sie sich und uns diese Erzähllust auch erhalten. Hat man gar das Glück mehr als nur ein Kind zu haben, dann lernen Eltern durch das Geplänkel der Geschwister untereinander viel über Lehrer, Mitschüler, Klassen-, Bus- und Hofgeschehen.

Mittagessen stillt auch Mitteilungsbedürfnis

Das Essen wird zur reinsten Nachrichtenbörse. Ohne den bewundernden kleinen Bruder hätten wir vermutlich nie erfahren, daß der Ältere nach der 6. Stunde halsbrecherische „Schlittenfahrten“ auf leeren Milchflaschenkästen durchs Treppenhaus gemacht hatte. Seine plötzlichen Rückenschmerzen wären uns unerklärlich geblieben. Ohne die Geschwister hätten wir nie erfahren, daß die Kleinen im Schulbus regelrecht gepiesackt wurden: ausgekippte Schulranzen, mit Stecknadeln gestochen und unter Androhungen von Schlimmerem zum Schweigen verdonnert. Auch Klagen über Lehrer, die anscheinend ungeduldig sind oder schlecht erklären können, sind besser einzuordnen, wenn die anderen diesen Eindruck bestätigen oder bezweifeln.

Schulsorgen sollten, wenn die Kinder sie nicht von alleine ansprechen, während des Essens tabu sein. Sonst hat es nicht nur mit der entspannten Atmosphäre ein Ende, sondern es verschlägt meist dem Betroffenen auch noch den Appetit. Im übrigen beschämt es manch einen, und ist er noch so cool, wenn schlechte Noten oder „Vergehen“ vor den Geschwistern besprochen werden.

„Aktives Zuhören“

Die Kunst „aktiven Zuhörens“ ist bei solchen und anderen Gelegenheiten gefragt. Weder „Verhöre“, noch Belehrungen sind wirklich hilfreich. Ja, selbst Ratschläge können die Erzähllust des Kindes dämpfen. Wichtig ist, erst zuzuhören, das Kind erzählen zu lassen, und dann vorsichtig, einzelne Aussagen aufgreifend, zu fragen: „Meinst du wirklich, der Lehrer hat dich auf dem Kieker? Wie ist er denn, wenn Du ihn so komisch findest?“ oder: „Warum war der Tommy plötzlich so sauer auf Dich?“ „Hast Du eine Idee, wie Du das wieder hinkriegen könntest?“

> Du kannst ihnen deine Liebe geben, aber nicht deine Gedanken, denn sie haben ihre eigenen Gedanken.
>
> Albert Camus

Wer ein „aktiver Zuhörer“ werden will, sollte sich wachsam beobachten. Rede ich mehr als mein Kind, wenn es mir von seiner Sorge erzählt hat? Unterbreite ich ihm sofort irgendwelche Lösungsvorschläge? Oder reiße ich gar das Problem an mich, nach dem Motto: „Laß mal, ich rede mal mit dem Lehrer, den Eltern, dem Mitschüler ...“? Wenn ja, dann bin ich (noch) kein aktiver Zuhörer und meinem Kind nicht wirklich hilfreich. Denn meine schnellen Lösungen signalisieren ihm, daß ich ihm nicht zutraue, selbst mit dieser Situation fertig zu werden. Sie entmutigen eher, als daß sie stärken und das Kind wird entweder verstummen oder sich daran gewöhnen, alles Unbequeme auf andere Schultern abzuladen – und dann dort auch die Schuld für alles weitere zu suchen.

„Aktive Zuhörer“ stellen interessierte, anteil- aber nicht parteinehmende Fragen, ohne gleich Position zu beziehen. Sie versuchen, die Situation besser zu verstehen.

Durch das genauere Beschreiben der Lage und seiner Gefühle, wird das Kind sein Problem dann klarer sehen und sehr oft schon beim Antworten selbst auf eine Lösung kommen. „Aktives Zuhören“ auf Seiten der Eltern ist Hilfe zur Selbsthilfe. Denn ein Kind wird von Problemen, Sorgen und Enttäuschungen nur dann profitieren, wenn es sie, von schwerwiegenden Ausnahmen einmal abgesehen, selbst zu bewältigen lernt. Mit unserer liebevollen und tröstenden *Begleitung,* aber nicht durch unser *Eingreifen.* „Hilf mir, es selbst zu tun“ so „übersetzt“ Maria Montessori das Anliegen unserer Kinder.

Hilfe zur Selbsthilfe

Konsequenz schafft gute Gewohnheiten

Ist das Essen vorüber, und die damit verbundene Arbeit gemeinsam bewältigt – Küchenarbeit ist nicht nur ein willkommenes Verdauungspäuschen, sondern, wenn alle mithelfen, eine sehr familienfreundliche Tätigkeit – dann sollten die Hausaufgaben der nächste Programmpunkt sein.

Steht die Zeiteinteilung schon bei den Kleinsten fest und wird sie im ersten Jahr selbstverständlich durchgehalten, dann geht sie in Fleisch und Blut über.

Dann gibt es keine ständigen Verhandlungen, ob und wann heute Hausaufgaben gemacht werden.
Immer wenn eins unserer Kinder eingeschult wurde, nahm ich für das ganze Jahr keinerlei Vortrags- oder

Seminarverpflichtungen an, die mich nachmittags aus dem Haus „gelockt“ hätten. Diese manchmal etwas schmerzliche Beschränkung auf Schulnachmittage war wirklich mein Stöhnen wert. Die Hausaufgabenzeit wurde selbstverständlicher Bestandteil des Tages. Womit allerdings nichts über die Qualität der dort geleisteten Arbeit gesagt ist. Auch darauf sollten wir ein wachsames Auge haben, durch regelmäßige Stichproben.

Jeder braucht seinen festen Platz

Wichtig ist auch, daß die Kinder einen eigenen, ungestörten Arbeitsplatz haben. Als der Zweitjüngste in die Schule kam und mein Erziehungselan offensichtlich schon etwas verebbt war, erlaubte ich zunächst, daß er in der Küche seine Aufgaben machte. Er fand dies am gemütlichsten. Da er völlig problemlos lernte, ließ meine Aufmerksamkeit für ihn mehr und mehr nach. Ich nahm ihn als Schulkind erst wieder zur Kenntnis, als mir auffiel, daß er wie ein kleines Hündchen, das sich vor dem Schlafenlegen erst ein paarmal im Kreise dreht, durchs Haus zog, von Tisch zu Tisch, von Zimmer zu Zimmer, um jeden Tag neu das aller-, allergemütlichste Plätzchen zu finden. Die Folge war, daß seine Siebensachen überall zerstreut waren und das Tornisterpacken in eine Art Schnitzeljagd ausartete, da er auch während der Hausaufgaben plötzlich das Bedürfnis verspürte, es sich noch etwas gemütlicher zu machen. So fand man überall verstreut seine Relikte: die Fibel auf meinem Schreibtisch, Mathe lag in der Küche, der Inhalt des Mäppchens größtenteils auf Vaters Schreibtisch. Für die friedliebende Gattin der Moment, dem Treiben ein Ende zu setzen und den Sohn an seinen eigenen Schreibtisch zu verbannen. Daraufhin dauerten seine Hausaufgaben nur noch die Hälfte der Zeit und er konnte sehr viel früher zum Spielen übergehen.

Vertrauen ist gut, Kontrolle ist besser

Für Trödler, mit und ohne Konzentrationsschwierigkeiten, sind Nachmittagsveranstaltungen, auf die sie sich freuen, sehr hilfreich. Zwei unserer Söhne liebten ihr Fußballtraining, zweimal wöchentlich von 17 bis 19 Uhr. Spielen oder Training war erst nach vollbrachten Hausaufgaben erlaubt; also kamen sie als „logische Folge“ des Trödelns oder schlampig erledigter Hausaufgaben zu spät zum Training. Ich hätte den Trainer am liebsten umarmt, als ich hörte, daß Zu-spät-Kommen von ihm mit zwei Strafrunden um den Sportplatz geahndet wurde. Darum also waren an den Fußballtagen die Hausaufgaben immer perfekt!

Wenn solche Außenstützen der Erziehung nicht in Sicht sind, dann müssen wir uns selbst Anspornendes ausdenken. Kaum zu glauben, welch positive Wirkung die Aussicht auf ein gemeinsames Spiel oder das Mitgenommenwerden zum Einkaufen nach den Hausaufgaben hat. Manchmal kann es auch notwendig werden, sich bei den Hausaufgaben dazuzusetzen, und zu schauen, worin das Problem besteht. Überhaupt sollten wir während der Hausaufgabenzeit der Kinder in Reichweite sein. Nicht um ihnen ständig über die Schulter zu gucken, sondern um auf Anfrage helfen und je nach Kind, das Resultat der Arbeit begutachten zu können. Nur heiligmäßige Kinder arbeiten Tag für Tag mit der Disziplin, die für Lernerfolge entscheidend ist. Es ist unsere Aufgabe, „den Rest“ durch liebevolle, aber konsequente Begleitung zu einer entsprechenden Arbeitshaltung zu führen.

Gute Aussichten sind immer wichtig

Lassen Sie Sich nicht abschrecken von dem angeblichen Verbot der Lehrer, Eltern helfen zu lassen. Dies behaupten zwar alle Kinder, aber elterliche Interventionen bei unleserlichen Krakeleien oder vorschnell ins Korn geworfener Flinte wurden von Lehrern noch nie abgelehnt. Dasselbe gilt für Erklärungen und vertiefendes Üben. Die meisten Kinder sind heute, bei den viel zu großen Klassen und dem häufig zu hohen Geräuschpegel auf diese Art familiärer „Nachhilfe" angewiesen. Ohne die elterliche Unterstützung bleiben viele Kinder auf der Strecke.

Die traurige Wirklichkeit

Hilferufe einer Rektorin

Wie wichtig und leider heute wenig selbstverständlich das elterliche Interesse am Schulleben ihrer Kinder ist, zeigen die „Hilferufe" einer Grundschulrektorin beim ersten Elternabend für die ersten Klassen.

„Wir würden Ihren Kindern gerne und mit Freude Lesen, Schreiben und Rechnen beibringen. Aber wir können es nur,

- wenn Ihr Kind satt und mit einem gesunden Pausenbrot in die Schule kommt und nicht vor Hunger spätestens ab der dritten Stunde Konzentrationsschwierigkeiten hat.
- wenn Ihr Kind nachts genügend Schlaf bekommt und nicht todmüde, nach zu kurzen Nächten oder 800 km-Ausflügen am Wochenende auf seinem Pult liegen und am liebsten schlafen würde.
- wenn Ihr Kind nicht stundenlang vor dem Fernseher sitzt und Kopf und Herz mit mehr oder weniger unverdaulichen Bildern verstopft.
- wenn Ihr Kind nicht tagelang ohne Bücher und Hefte zur Schule kommt.
- wenn Ihr Kind nicht Tag für Tag seine Hausaufgaben „vergißt"
- Wir würden gerne und mit Freude mit ihren Kindern malen und basteln, können dies aber nur, wenn Ihr Kind nicht wochenlang ohne Schere, Stifte und Bastelmaterial zur Schule kommt.

- Wir würden gerne und mit Freuden in engem Kontakt mit Ihnen stehen, können dies aber nur, wenn Sie unsere Briefe und Mitteilungen auch lesen, bzw. sie von Zeit zu Zeit aus dem Schulranzen ihrer Kinder hervorholen.

Liebe Eltern, Ihr Kind ist zwar jetzt ein Schulkind, aber es ist noch klein; es braucht Ihre Hilfe. Ohne Sie wird seine Schulzeit nicht zu einer schönen, erfolgreichen, und mutmachenden Zeit werden. Die Zukunft ihrer Kinder liegt noch immer in Ihren Händen. Ohne Sie vermag die Schule nichts ..."

Ohne Eltern geht nichts in der Schule

Diese mit dem Mut der Verzweiflung vorgetragene Ansprache fand nicht etwa an einem sozialen Brennpunk statt, mit hoher Arbeitslosigkeit und ebenso hohem Ausländeranteil, sondern in einer der reichsten Städte Deutschlands ... Auch die Reaktion der Eltern war verblüffend. Sie hörten sich die strengen Worte an, ohne zu murren, geradezu demütig, ganz so, als seien sie erleichtert, daß ihnen endlich mal jemand erklärt, was ihre Aufgabe ist ...

So bedrückend es auch ist, die Wünsche dieser Grundschulrektorin bestätigen den niederschmetternden Befund der von der OECD in Auftrag gegebenen internationalen PISA-Studie (Programm for International Student Assessment = Schülerleistungen im internationalen Vergleich) aus dem Jahr 2001. Deutschland lag bei dieser Untersuchung nicht nur im kognitiven Bereich, also beim Leseverständnis, und in der mathematisch-naturwissenschaftlichen Grundbildung weit unter dem Durchschnitt der 32 getesteten Staaten (Platz 27 Leseverständnis; Platz 21 mathematisch-naturwissenschaftlicher Bereich). Auch bei der Frage nach dem elterlichen Interesse am Schulleben ihrer Kinder landete Deutschland weit unter dem Durchschnitt: auf dem 20. Platz. Während 60 % der englischen Schüler meinen, ihre Eltern interessierten sich für ihr schulisches Wohlergehen, und in den Niederlanden immerhin noch 40 % dieser Auffassung sind, bekunden nur ganze 20 % der deutschen Schüler die Anteilnahme ihrer Eltern an schulischen Belangen.

Desinteresse bei Eltern

Dieser niederschmetternde Befund wird von der repräsentativen RTL-Studie „Kinderwelten 2002" sogar noch verschärft. Danach leben 31 % der befragten Sechs- bis Dreizehnjährigen bei Eltern, die sich nicht sonderlich für den sozialen Umgang, die schulischen Belange, das Freizeitverhalten und die Mediennutzung ihrer Kinder interessieren. Besonders beunruhigend daran ist, daß diese Eltern, wie oben dargestellt, keineswegs nur in den sozial schwachen Familien zu finden sind, sondern dort, wo man geneigt ist, „alles im Lot" zu vermuten.

Schon vor Jahren wies der Soziologe Gerhardt Schmidtchen in einer groß angelegten Jugendstudie darauf hin, daß Familien mit einer derartig emotional unterkühlten Atmosphäre mehrheitlich in der aufstrebenden akademischen Mittelschicht zu finden sind. Es ist die Bevölkerungsschicht, die sich, laut Schmidtchen, am meisten unter Druck fühlt von den Anforderungen „unserer Positionengesellschaft" und bei „Rollenstreß zwischen Familie und Beruf nicht genügend psychische Kraft aufbringt, um „ein warmes und verständiges Erziehungsklima entstehen zu lassen."

Versucht man einmal davon abzusehen, was es für die seelische Entwicklung eines Kindes bedeutet, wenn die beiden wichtigsten Menschen in seinem Leben, auf deren Liebe und Leitung es unabdingbar angewiesen ist, sich „nicht sonderlich" für es interessieren, dann ist dieser Befund allein aus schulischen Gründen eine Katastrophe. Wie das Max-Planck-Institut für Bildungsforschung (MPIB) ermittelte, ist für den Erfolg von Schule die sie tragende Kultur maßgeblich: nämlich zuvörderst die generelle gesellschaftliche Wertschätzung schulischen Lernens, die Unterstützung durch das Elternhaus und die Bereitschaft zur Anstrengung. Im Gefolge der 68er Ideologie, die eine fordernde Schule als Zumutung für die Persönlichkeit des Schülers abwertete und Worte wie Leistung, Elite, Disziplin, und Autorität in Mißkredit brachte, brach sowohl die gesellschaftliche Wertschätzung schulischen Lernens, als auch die Erziehungssicherheit der Eltern, wie die Bereitschaft, Anstrengung einzufordern und zu erbringen, weitgehend weg. In Korea, Finnland, Kanada und Japan, den „PISA-Siegern", dagegen genießt die Schule eine hohe gesellschaftliche Wertschätzung und die Familien unterstützen mit großer Selbstverständlichkeit und Engagement alles was damit zusammenhängt: Lehrer, Leistung, Lernen, Lesen ...

Gute Aussichten sind immer wichtig

(Fast) gleiches Recht für alle

Im Vergangenen war viel von Routine mit ihrem unentbehrlichen Rhythmus und liebenswerten Riten die Rede, vom „Revier" anscheinend noch nicht. Dennoch war es inhaltlich immer wieder präsent, etwa bei der Frage, wer was an wessen Schreibtisch tun oder eben nicht tun sollte. Selbst die friedfertigsten und geduldigsten Väter fahren aus der Haut, wenn sie nach Dienstschluß ihren Schreibtisch regelmäßig als „Müllhalde" der Familie vorfinden.
Hinter dem Wort Revier verbirgt sich eine einfache Tatsache: Wohnzimmer sind Wohn-Zimmer, Spielzimmer sind Spiel-Zimmer. Nicht nur Tiere, auch Menschen brauchen ihr Revier; sprich ihre Privatsphäre. Einen Ort, in dem sie die Spielregeln (weitgehend) selbst bestimmen, in dem sie ihre Habe aufheben und nach ih-

rem Geschmack ausbreiten, aufstellen oder verstecken, in dem sie sich zurückziehen und ausruhen können. Die allermeisten Familien in Deutschland hätten eigentlich genug Platz, um Eltern und Kindern sichere „Reviere" zu garantieren und so ein friedliches, schöpferisches Miteinander der Familienmitglieder zu ermöglichen. Dennoch gibt es Wohnzimmer, deren Böden mit Spielzeug übersät sind und Kinderzimmer, deren sterile Sauberkeit und penible Ordnung Kinder in ihrem Spielbedürfnis knebeln. In beiden Fällen handelt es sich um Übergriffe der einen Seite auf das Revier der anderen. In beiden Fällen wird die Situation auf Dauer zu Konflikten führen.

Nicht nur für Tiere: Reviere

… auch Eltern sind Menschen

und keine Roboter. Bis heute ist mir ein Verzweiflungsausbruch meiner Mutter in lebendiger Erinnerung. Mein Bruder und ich kamen mit Bastelgerätschaften ins Wohnzimmer. Unsere Mutter hatte sich offenbar gerade hingesetzt, um etwas Wichtiges zu schreiben, als wir anfingen, unsere Materialien auf demselben, durchaus genügend großen Tisch auszubreiten. Obwohl oder gerade weil wir dies bisher immer so gehalten hatten, explodierte meine Mutter urplötzlich mit dem Schrei: „Kinder, jetzt ist Schluß! Dies hier ist mein Zimmer, es ist mein Tisch! Hier wird nicht gebastelt!" Total verblüfft und stocksauer marschierten wir zurück ins Kinderzimmer und schworen uns, nie wieder den Fuß ins Wohnzimmer zu setzen, ja, wir würden überhaupt …Unsere Schwüre wurden immer unrealistischer und rachsüchtiger. Gerade hatten wir den Entschluß gefaßt, aus-, ja, am besten wegzuziehen, als unsere Mutter plötzlich mit einem Friedensangebot erschien: Wenn wir Lust hätten, könnten wir in einer halben Stunde kommen, dann hätte sie Zeit mit uns zu spielen.

Ohne klare Revierabsprachen bringt manchmal schon ein Tropfen das Faß zum Überlaufen. Alle Beteiligten fühlen sich dann ungerecht behandelt oder mißverstanden. Unsere Mutter hatte schon öfter betont, das Wohnzimmer sei auch ihr Zimmer, nämlich ihr Schreibzimmer. Wir hatten diese Warnung nie sonderlich ernst genommen, zumal sie immer ohne konkrete Folgen geblieben war. Erst ihr Ausbruch zeigte, daß es ihr mit den vorausgegangenen milden Hinweisen auf ihre Rechte wirklich ernst gewesen war.

So ungerecht uns dies damals auch erschien, die Krise hatte ihr Gutes. Zum einen nahmen wir das Anliegen unserer Mutter endlich wahr und zum anderen hatte uns ihr „Ausfall" gezeigt, daß Mütter erstaunlicherweise auch Menschen sind; endliche Wesen, mit Gefühlen und Grenzen, mit durchaus endlicher Kraft und endlichen Nerven. Noch überraschender aber war für mich damals die Erkenntnis, und daran erinnere ich mich noch genau, daß Mütter offenbar auch noch so etwas wie ein Eigenleben haben; auf die Idee war ich noch nie gekommen.

Mütter sind auch nur Menschen

Eigenständigkeit in der Bindung

Es ist gut, wenn kleine Kinder sich bei ihren Eltern so geborgen fühlen, daß sie glauben, sie seien sozusagen das Leben ihrer Eltern; aber es ist genauso wichtig, älteren Kindern zu folgender Einsicht zu verhelfen:

Eltern haben auch jenseits der Welt der Kinder noch Interessen, Bedürfnisse und Rechte.

Zumindest sollte es so sein, auch wenn bis heute sehr familienorientierte Mütter dazu tendieren, ganz in ihren Kindern aufgehen und allen alles sein zu wollen. Aber im Blick auf Kinder gilt dasselbe wie in Bezug auf den Partner: Liebe bedeutet nicht Selbstaufgabe. Im Gegenteil: Es kann nur der etwas geben, der noch etwas zu verschenken hat. Wir können einander nur etwas sein und bieten, wenn wir wir selbst bleiben. Auch wer liebt, muß ein gewisses Maß an Eigenständigkeit in der Bindung bewahren. Daher dürfen wir nicht zulassen, daß es zu einer Invasion der Kinder in alle Lebensbereiche ihrer Eltern kommt. Um unseretwillen, aber auch um der Kinder willen.

Auch Erwachsene brauchen ihre Welt

Wie sonst könnten Kinder lernen, Rücksicht zu nehmen? Wie sonst sollen sie lernen, sich auf berufliche oder ehrenamtliche Notwendigkeiten der Eltern einzustellen? Wo sonst könnten Kinder so anschaulich und beständig lernen, daß die Freiheit des einen ihre Grenze an der Freiheit des anderen findet? Wie sonst könnten wir als Eltern unseren Kindern Schutz und Geborgenheit, aber auch Anregung und Herausforderung bieten?

Daher ist das Beharren der Eltern auf ihrem „Revier“, das sich zunächst in ganz materiellen Dingen niederschlägt, wie ihrem Zimmer, ihrem Schreibtisch, ihrem Schrank, ihrer Kleidung, ihren Büchern ... so wichtig.

Zwar ist das Wohnzimmer ein Gemeinschaftsraum, dennoch sollte er unter elterlichem Hoheitsrecht stehen: das letzte Wort in Ordnungs-, Schönheits- und Gemütlichkeitsvorstellungen liegt bei den Eltern. Auf diese Weise können wir den Kindern leichter Ordnungssinn beibringen als in ihrem Zimmer; denn es leuchtet ihnen – in Friedenszeiten! – durchaus ein, daß wir in *unserem* Zimmer ein Recht auf *unsere* Ordnungsvorstellung haben, so wie wir *ihnen,* mit Einschränkungen hygienischer und arbeitstechnischer Natur, in *ihrem* Zimmer *ihre* Ordnungsvorstellungen zugestehen.

Kommunismus als Rücksichtslosigkeit

Auch ein selbstverständlicher „Spielzeug-, Kleider- oder Schreibtischutensilienkommunismus“ ist von Übel. Zwar halten Kinder die ordentlicheren Familienmitglieder für spießig, die nicht einsehen wollen, warum immer ihre Schere, die unfehlbar an ihrem Ort liegt, von den Chaoten der Familie verschleppt wird. Dennoch sind Kommune-Manieren in Wahrheit nichts anderes als Rücksichtslosigkeit und eine Gefahr für den Familienfrieden. Ich weiß, wovon ich rede. Wir, ein gut organisierter und ordentlicher Vater und eine geradezu gefährlich zerstreute Mutter, haben drei eher ordentliche und drei eher unordentliche Kinder. Konfliktstoff pur und eine unendliche Geschichte, die auch nur durch „logische Folgen“ annäherungsweise in den Griff zu bekommen ist:

Den vier Ältesten war zum wiederholten Male an der Bushaltestelle ein Fahrrad gestohlen worden. Wieder einmal hatte der eine dem anderen angeblich oder wirklich das Schloß geliehen oder geklaut, und dieser hatte es wiederum angeblich oder wirklich nicht zurückgegeben oder es gar verloren. Daraufhin mußten sich alle vier auf eine sehr traurige logische Folge, die uns natürlich spätestens nach dem zweiten Diebstahl hätte einfallen sollen, einstellen: Nie wieder würden sie zum Geburtstag oder zu Weihnachten ein Fahrrad bekommen. Sie mußten sich dieses für sie unentbehrliche Transportmittel von nun an selbst kaufen.

Unser Verdikt führte zur Entdeckung der Versteigerungen des städtischen Fundamtes. Dort gab es sehr gute Räder zu erstaunlich billigen Preisen; man mußte nur den Versteigerungstermin herausbekommen und pünktlich an Ort und Stelle sein. Wieder ein Zuwachs an Weltwissen …

Nicht alle Übergriffe können so nachhaltig abgestellt werden. So lieben z. B. pubertierende Kinder die

Secondhand zu Hause

Schränke ihrer Eltern. Töchter mehr noch als Söhne. Die besten Hemden des Vaters benutzen sie plötzlich als Nachthemd, ohne im Traum ans Waschen und Bügeln zu denken. Blusen und Pullis der Mütter sind, wenn sie halbwegs dem töchterlichen Geschmack entsprechen, echte Begierdeobjekte. Die beste Methode für Eltern, mit den unvermittelten Lücken in den eigenen Beständen zurecht zu kommen, ist der Versuch, sich eher geehrt, denn genervt zu fühlen. Die Regelung, weitere Entnahmen aus den elterlichen Beständen auf einem Zettel zu beurkunden, läßt die Raubzüge gewöhnlich seltener werden.

… und das Revier der Kinder?

„Ich lasse Dir Deinen Lebensraum, dann laß Du mir bitte den meinen!“ So verstiegen diese Ansprache an eine zweijährige Tochter auch gewesen sein mag, sie enthält eine richtige und wichtige Erkenntnis. Wer für sich das Recht auf ein „Revier“ beansprucht, muß dieses Recht auch dem anderen zubilligen.
Immer wieder staune ich, daß Kinder, bei aller Abhängigkeit von ihren Eltern, sich keineswegs als deren Untergebene empfinden, sondern entschiedene Demokraten sind. Gleichberechtigung ist ihr Bestreben. Der Schlachtruf schon der Kleinsten „Kann alleine“ und die unermüdliche Forderung: „Ich *auch!*“ sagen alles. So klein sie auch sein mögen, sie haben ein erstaunlich ausgeprägtes Selbstbewußtsein. Zu Recht.

Kleine Menschen wissen und können zwar anderes und in vielen Dingen auch weniger als große, aber sie haben dieselbe Würde, den selben Wert wie die Großen.

Daher kann Erziehung nur gelingen, wenn Eltern diese tiefe Wahrheit beherzigen und ihre Kinder als zwar schutz- und leitungsbedürftige, aber letztlich gleichberechtigte Partner behandeln, allerdings mit der fast paradox anmutenden Einschränkung, daß Eltern und nicht Kinder Herr im Haus sein müssen. Gelingende Erziehung heißt, die Grundbedürfnisse der Kinder zu erfüllen: ihren Wunsch nach Liebe und Leitung, Schutz und Geborgenheit, nach Bedeutung und Einfluß.

Vor allem in Bezug auf das eigene Zimmer, Besitztümer, Kleidung und Frisur reklamieren Kinder das Recht auf Selbstbestimmung, und wo dies nicht immer möglich ist, meist in Schul-, Ordnungs- und Sauberkeitsfragen, dann gehen sie zumindest von einer Art Mitbestimmung aus.

Wir sind also gut beraten, die „Reviere" unserer Kinder zu achten; nicht nur um des lieben Friedens willen, sondern wegen ihrer Entwicklung zu selbstbestimmten, selbstbewußten und kreativen Erwachsenen. Freilich immer in altersgemäßen Grenzen.

Finden wir z. B. eine „Nacktschneckenzucht", der Kinder im Garten, so geht uns das, wie grauslich wir dieses Vorhaben auch immer finden mögen, so lange nichts an, als die Tiere nicht mitten im Salatbeet gehalten, in der prallen Sonne braten, oder in unfruchtbarem Sand verhungern. Beklebt der Sohn sein nagelneues Bett, das er gerade zu Weihnachten bekommen hat, mit den Portraits der Fußballnationalmannschaft, dann sollten wir dies hinnehmen; selbst dann, wenn das Hausfrauenherz wegen dieser Art Sticker blutet, die gewöhnlich nur mit „Menschenfett", also unter Aufbietung aller Kräfte eines fernen Tages wieder zu entfernen sein werden.

> Darin liegt das Beglückende an Kindern, daß mit jedem von ihnen alle Dinge neu geschaffen werden und daß das Weltall wieder auf die Probe gestellt wird.
>
> Chesterton

Sammler gegen Säuberer

Gelegentliche Müllsammlungen …

Überhaupt das Reinemachen. Ganz ohne Wegwerfen kann es nicht abgehen. Jeder, der schon einmal in Anwesenheit von Kindern etwas wegwerfen wollte, weiß, daß dieser Vorsatz in den Augen der kleinen und größeren Sammler mit seelischer Grausamkeit und Ahnungslosigkeit bezüglich der wahren Schätze dieser Welt gleichgesetzt wird. Dennoch steht von Zeit zu Zeit eine gründliche Säuberungsaktion des Kinderzimmers an. Bewährt hat sich der Tip, zunächst in Abwesenheit des Kindes den als überflüssig diagnostizierten „Spielschutt" auszusortieren. Bei der Rückkehr aus Kindergarten oder Schule kann er oder sie dann die „Schutthalde" aus unvollständigen Puzzlebildern, Plastiktrompeten, entwachsenen Kleinkindspielzeugen usw. auf Unentbehrliches hin untersuchen. Was der Besitzer nicht bis zum nächsten Tag wieder ordentlich einräumt, kann, so die Abmachung, weggeworfen werden.

Zum Glück haben die eher chaotischen Kinder gewöhnlich nicht die Ausdauer, ihren Haufen gründlich oder zur gegebenen Zeit zu inspizieren, so daß das meiste dann doch den vorgesehenen Weg in die Mülltonne nehmen kann. Und die Ordentlichen? Zu meiner großen Bewunderung räumen, sortieren und entsorgen diese Kinder ihr Revier häufig aus eigenem Antrieb und mit erstaunlicher Umsicht.

Also Hände weg vom Kinderzimmer? Ja und Nein. Es gibt Fälle, in denen Eltern auf jeden Fall eingreifen müssen.

Zwar haben 40 % aller Kinder einen eigenen Fernsehapparat im Zimmer, dennoch ist dies absolut verantwortungslos. Ich würde dagegen selbst dann einschreiten, schenkte etwa ein ahnungsloser Patenonkel dem Kind ein solches Gerät.

Wenn wir unseren Kindern einen Fernseher ins Zimmer stellen, setzen wir sie fahrlässig Bildern und Inhalten aus, die bei unkontrolliertem Programmkonsum Gift sind für Verstand, Gemüt und Seele.

Streitpunkt Mode?

Wenn die kleine Tochter partout ihre niedliche Ponyfrisur mit Hilfe eines Haargummis zu einer Art Einhorn, das waagrecht über ihrer Stirn wippt, verunstalten will, dann steht ihr Schönheitsempfinden gegen das ihrer Mutter. Schlimmeres geschieht nicht und es gibt keinen Grund, warum wir diesen Anblick nicht ertragen sollten. 10 bis 12 Jahre später, legt sie sich womöglich einen radikalen Kurzhaarschnitt zu, während ihr Bruder seine kastanienbraunen Locken auf die Schultern wallen läßt. Auch hier gilt: „Lerne leiden, ohne zu klagen"; über Geschmack läßt sich bekanntlich nicht streiten. Im übrigen sollten wir unsere Energie für wichtigere Konfliktfelder aufheben. Lassen wir uns nämlich durch Frisuren oder Kleidungsvorlieben provozieren, dann werden wir uns unweigerlich den schwer zu widerlegenden Vorwurf der Oberflächlichkeit einhandeln, vom Kräfteverschleiß dieser unnötigen Reibereien einmal ganz abgesehen.
Freilich gibt es auch hier Grenzen. Verführt der Sommer unsere wohlproportionierte Tochter zu allzu freizügiger Kleidung, dann sollten wir uns durchaus zu einem Gespräch aufraffen. Am besten wäre es, der Vater redete mit ihr über die sexuell aufreizende Wirkung solcher Garderobe und die damit verbundene Zumu-

tung für manch männliches Gemüt; von den daraus resultierenden Gefahren ganz zu schweigen. Befehle allerdings, wie „So gehst Du mir nicht aus dem Haus!“ sind nicht nur erfolglos, sondern werden womöglich zu einer „Verewigung“ des beanstandeten Geschmacks führen. Auch sollten wir uns kontraproduktive Du-Botschaften, wie etwa *„Du* siehst ja verboten aus!“ oder *„Du* siehst ja aus wie ein Flittchen“, sparen. Der einzige Erfolg solcher Kritik wird es womöglich sein, vor den feixenden Großen die Frage des Jüngsten, was denn bitte ein „Flittchen“ sei, beantworten zu müssen. Statt Du-Botschaften, die den anderen anklagen und sofort in die Gegenoffensive treiben, sollten wir beim Aufeinanderprallen unterschiedlicher „Weltanschauungen“ Ich-Botschaften senden. Also etwa: *„Ich* mache mir Sorgen um dich, wenn Du so kurz berockt losziehst und alleine durch eine Parkanlage radeln, abends auf den Bus warten mußt … *ich* habe Angst um dich, es gibt heute so viele, die wie krank auf so viel Weiblichkeit und nackte Haut reagieren …“ Dann braucht sich die Tochter nicht angegriffen und gegängelt zu fühlen, sondern kann sich in innerer Freiheit mit dem Grund unserer Ängste auseinandersetzen.

Ich-Botschaften statt Du-Botschaften

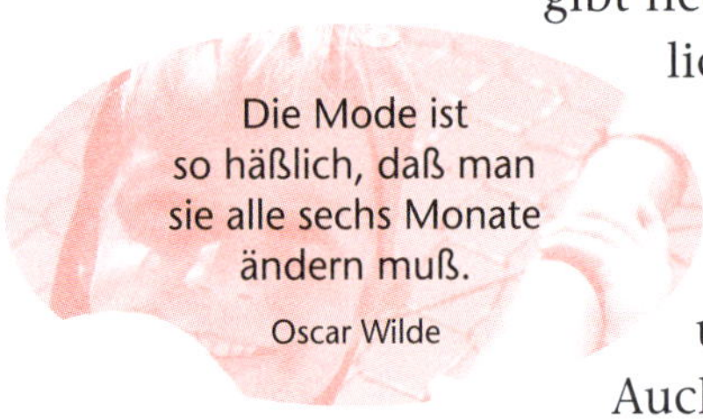

Auch wenn Kinder beginnen, sich sozusagen zu verkleiden, z.B. mit einem furchterregenden, durch und durch schwarzen Outfit, dann sollten wir nicht mit ihnen über Mode streiten, sondern versuchen, herauszubekommen, ob sie sich auch so trostlos fühlen, wie sie ausschauen.

Schwarz ist auch heute noch die Farbe der Trauer. Selbst wenn Jugendliche sich dessen nicht bewußt sind und es heftig bestreiten würden, so liegt ihrem extremen Outfit, der häufig Haß und Verachtung gegen die Erwachsenenwelt signalisieren will, Trauer zugrunde.

Trauer darüber, diese Welt, und damit primär die eigene Familie, als desinteressiert, ablehnend, kalt, womöglich gar feindlich erleben zu müssen.
Es darf Eltern nicht unberührt lassen, wenn der Dress ihrer Kinder von Rebellion, Hoffnungslosigkeit und/oder Aggression zeugt. Nicht die Mode sollte dann unsere Sorge sein, sondern das Kind selbst, seine Gemütslage, seine familiäre und schulische Situation, sein Freundeskreis.
Über eine Jugendliche, die im Bus mitfuhr, wußten die Kinder immer neue Modedetails zu erzählen. Alles an ihr wurde nach und nach schwarz. Kleider, Haare, die langen Fingernägel, am auffälligsten ihre tief schwarz geschminkte Augenpartie. Nach ein paar Monaten äußerten die Kinder, die ich von der Bushaltestelle abholte, sie hätten inzwischen Angst vor dem „komischen" Mädchen. Erleichterung, als sie plötzlich im Bus nicht mehr auftauchte. Monate später berichtete die Zeitung von einem Ritualmord einer Satanistengruppe in Hamburg. Die Freundin des Opfers, zwar Mitglied der Gruppe, aber an dem Mord nicht beteiligt, habe einen Nervenzusammenbruch erlitten und sei nun in einer Therapie. Das 17jährige Mädchen aus einer gutsituierten und scheinbar intakten Familie war das „komische" Mädchen aus dem Bus.

Black is beautyful, but …

Miene, Haltung und Garderobe sind oft Spiegel der Seele. Er kann uns viel über unsere Kinder und ihre „Reviere" verraten.

Wert-volle Kindheit – Sinn-volles Leben

Situationsanalyse

Familie, entscheidendes Stellwerk der Zukunft

Wert-voll erziehen

Familie als Weltanschauungsgemeinschaft

Konsumerziehung – Maßhalten der Sinne

Zeit ist Liebe

Wert-volle Kindheit – Sinn-volles Leben

Was lehren Wahnsinnstaten?

Der Hamburger Ritualmord geschah am selben Tag wie der Erfurter Amoklauf des Robert Steinhäuser, der in seiner ehemaligen Schule zwölf Menschen tötete – sieben Lehrer und Lehrerinnen, eine Sekretärin, zwei Schüler, einen Polizisten und am Ende sich selbst. Nach dem ersten Entsetzen entbrannte eine heftige Debatte über die Ursachen dieser Wahnsinnstat. Neben der Forderung nach verschärfter Kontrolle von Gewalt- und Pornovideos, die man bei Robert Steinhäuser zuhauf gefunden hatte, war ein Ruf besonders oft zu hören: Der Ruf nach einer bewußten und verstärkten Werteerziehung in Familie und Schule.

Werteverwirrung

Wie die sprichwörtliche Flammenschrift an der Wand beschreibt die explosionsartig zunehmende Brutalität und Kriminalität von Kindern und Jugendlichen das Ausmaß der Werteverwirrung. In den letzten zehn Jahren stieg die Anzahl der Tatverdächtigen bei Kindern um 66 % auf 146.000, bei Jugendlichen um 42 % auf 247.600 und bei Heranwachsenden um 19 % auf 247.000. Körperverletzung und Rauschgiftdelikte haben die höchste Steigerungsquote. Entgegen landläufigen Vermutungen handelt es sich dabei fast ausschließlich um deutsche Kinder und Jugendliche!
Ein weiteres Alarmsignal ist die Tatsache, daß die Erstkonsumenten von legalen und illegalen Drogen immer jünger werden: die erste Zigarette mit Elf, der erste Vollrausch mit Zwölf, der ersten Joint mit Dreizehn…
Die Deutsche Hauptstelle für Suchtfragen gibt an, daß

heute 27 % der Jugendlichen Erfahrungen mit illegalen Drogen haben; vor zehn Jahren waren es noch 18 %. Die Bereitschaft, mit Haschisch zu experimentieren, stieg im selben Zeitraum von 18 % auf 45 %. Der Anteil derjenigen, die ernste neurologische und psychische Probleme mit dem angeblich so harmlosen Haschisch bekommen, nahm um 20 % zu.

Auch die steigende Zahl der Schulversager ist ein Warnzeichen. Laut Shellstudie von 2002 zählen immerhin 49 % der Jugendlichen zu den potentiellen „Bildungsverlierern". Typischerweise reagieren sie mit Resignation und Apathie auf ihre zunächst familiären und in der Folge schulischen und beruflichen Probleme und verfestigen sie dadurch. Männliche Jugendliche kompensieren den Mangel an familiärem Rückhalt, Geld und Bildung zudem häufig mit der Demonstration von körperlicher Stärke und mit Aggressionen gegen Schwächere. Als Abziehbild der gesellschaftlichen Trends gelten ihnen Macht, Durchsetzungsvermögen und hoher Lebensstandard fast alles, Toleranz und soziales Engagement fast nichts. Auch im Respekt vor der Ordnung des Grundgesetzes bleiben sie deutlich hinter anderen Jugendlichen zurück.

Die auf der Strecke bleiben …

Situationsanalyse

In seinem Buch „Der Verrat an der jungen Generation. Welche Werte die Gesellschaft Jugendlichen vorenthält" legt der Kinder- und Jugendpsychiater Horst Petri dar, wie komplex die Gründe für diese Wertunsicherheit sind. Er hat sie sich übrigens nicht am Schreibtisch ausgedacht, sondern – schlimm genug – seine psychiatrische Praxis ausgewertet. Die Ergebnisse seien hier kurz benannt, damit Eltern wenigstens wissen, mit welch machtvollen Einflüssen und verborgenen Gefahren es die Familie zu tun hat. Unwissend ist ihnen nicht beizukommen.

Das moderne, auf Gleichberechtigung gründende Verhältnis der Geschlechter und das gewandelte Selbstverständnis von Frauen in der Gesellschaft haben zu radikalen Veränderungen in der Familienstruktur geführt. Bei allen unbestreitbaren Verbesserungen, die in den letzten Jahrzehnten für Frauen erzielt worden sind, steht doch fest, daß den Preis für diesen Fortschritt immer häufiger die Kinder bezahlen müssen. Bei gleichbleibender „Abstinenz" der meisten Väter bringt das schwindende familiäre Engagement der Mütter vielfach erhebliche Einbußen an Geborgenheit, Zugehörigkeit, Verläßlichkeit und Bildung für die Kinder mit sich.

Kinder zahlen die Zeche

Hinzukommen dramatische Entwicklungen auf dem Arbeitsmarkt. Bei vielen Jugendlichen mindern sie die Hoffnung auf eine gelingende Zukunft.

Auch mit dem gerechten Ausgleich zwischen den Generationen steht es nicht zum Besten. Angesichts steigender Renten- und Sozialversicherungsbeiträge spricht Petri von einem Verrat an der nachwachsenden Generation. Echte Investitionen in die Zukunft würden zurückgehalten. Für nachhaltigen Umweltschutz, für Familienförderung und Kindergeld, für das Schulwesen sei angeblich kein Geld da. Mit alldem geschehe rücksichtslose Besitzstandswahrung der Alten auf Kosten der Jungen.

Einen weiteren, mindestens ebenso alarmierenden Faktor des Werteverrates an der Jugend sieht Petri in den „entfesselten Medien": die Exzesse einer ausschließlich am Profit orientierten Verführungs-Industrie, die bewußt das Niedere und Schlechte im Menschen hervorlockt und durch die Darstellung von

Gewaltorgien und sexuellen Perversionen das Triebspektrum bis zum äußersten Rand bedient. Sozial benachteiligte oder familiär alleingelassene Kinder und Jugendliche, die dieser über alle Grenzen des Menschlichen hinwegbrandenden Bilderflut ausgesetzt sind, haben ihr kaum etwas entgegenzusetzen.

Familie, entscheidendes Stellwerk der Zukunft

Wo immer Kinder oder Jugendliche auffällig werden, ergibt die Analyse der Ursachen das Gleiche: fehlender familiärer Rückhalt, zu wenig Zeit, zu wenig Interesse der Eltern für ihre Kinder. Und dies quer durch alle Gesellschaftsschichten. Der Soziologe Gerhard Schmidtchen wies schon Mitte der 90er Jahre darauf hin, daß gerade die Eltern der beruflich aufstrebenden, akademisch gebildeten Mittelschicht sich häufig nicht die seelischen Kräfte erhalten, derer es bedarf, um ein „warmes und verständiges Erziehungsklima“ entstehen zu lassen. Aus diesen emotional unterkühlten Elternhäusern stammt ein Großteil der Jugendlichen, die selbstschädigende Tendenzen, also z. B. Suchtverhalten unterschiedlichster Art, an den Tag legen. Auch gewaltbereite Jugendliche können in diesen materiell oft gut gestellten Familien heranwachsen.

Erfolgreich und unterkühlt

Es führt kein Weg daran vorbei: Die Familie, und nur sie, kann sich erfolgreich gegen gefährliche gesellschaftliche Trends stemmen und damit die Weichen für ein gelingendes Leben der Kinder stellen. Familie kann Versäumnisse der Schule auffangen, schädliche Einflüsse der Medien verhindern oder wenigstens entschärfen und Jugendliche mit Schul- und Berufsproblemen stabilisieren. Umgekehrt gilt das kaum oder gar nicht: Eine echte Hilfestellung aus der Schul-, Berufs- oder Medienwelt für familiäre Probleme ist sehr selten.

Es ist nie zu spät

Scheitern – Teil des Lebens

Diese Erkenntnis ist einerseits für Eltern fordernd, andererseits aber auch unendlich beruhigend. Denn es gilt ebenso: Es gibt kein endgültiges Scheitern. Zwar sind Eltern nie davor gefeit, daß das eigene Kind aus welchen Gründen auch immer, eines Tages auf die „schiefe Bahn" und in die Hände falscher Freunde gerät, psychisch krank wird, in die Sekten-, Drogen- und/oder Kriminellen-Szene abgleitet. Solange die Familie einen warmherzigen, offenen Kontakt hält, die Tür nicht zuschlägt, sich professionell beraten läßt und sich anteilnehmend, nicht verurteilend und sprechbereit zeigt, solange ist Aussicht auf Heilung und Rückkehr zu stabilen Verhältnissen. Es kann immer wieder einen Neuanfang geben. Auch wenn es oft sehr viel länger dauert, als Angehörige glauben, es ertragen zu können.

Ich spreche aus eigener Erfahrung. Aus nächster Nähe mußten wir mit an sehen, wie ein Kind, für das wir 4 Jahre Mitverantwortung übernommen hatten, der ganzen Familie nach und nach entglitt. Kein Vorstellungstermin, kein Lehrstellenangebot wurde wahrgenommen. Freunde mit kriminellem Hintergrund hatten das Sagen. Über Jahre war das Kind für uns innerlich unerreichbar. Eltern, Geschwister und die gesamte Großfamilie hielten ihm trotz allem die Stange, bis es dem gefährlichen Milieu, in das es hineingeraten war, den Rücken kehrte. Immer und immer wieder hörten wir in dieser schwierigen Zeit von den damit befaßten Professionellen den Stoßseufzer: „Ein Glück, daß die Familie mitzieht und das Kind nicht alleine läßt."

Es sei mir erlaubt, in diesem Zusammenhang eine Erfahrung einzuschieben, die ich allen Eltern mit echten Sorgenkindern weitergeben möchte. Es kann Zeiten geben, in denen wir als (Pflege-)Eltern ohne jeden Einfluß zu sein scheinen. Nichts macht so hilflos wie die Entdeckung, daß Worte nichts, absolut nichts bewirken.

Von der Macht des Gebetes

In dieser Ohnmacht der Worte gibt es für Gläubige eine andere Form mächtigen, wirkungsvollen Sprechens: das Gebet. Wenn wir Gott unser Kind, unsere Not und Schwäche betend hinhalten, dann schenkt Er uns Liebe und Kraft für den nächsten Schritt.

Im Gebet lehrt Er uns die Kunst, loszulassen und dem Kind doch nahe zu bleiben. Beim Beten erwächst uns Vertrauen, daß dieses Kind, was immer es anstellen mag, in Seiner Liebe geborgen ist. Eines Tages werden wir erleben, daß unsere Gebete erhört sind, nicht selten anders, wie wir es uns vorgestellt haben; aber Gottes Gedanken sind nun mal nicht unsere Gedanken und seine Wege nicht unsere Wege; dies zu wissen kann auch tröstlich sein.

Werten im Strom der Zeit

Die Familie ist also einerseits die unersetzliche Werte-Quelle, die Kindern Kraft und Orientierung in den kulturellen, wirtschaftlichen und ethischen Herausforderungen ihres Lebens gibt. Andererseits, und dies spüren alle Eltern in ihrem beruflichen und familiären Alltag, sind Familien nicht „Inseln der Seligen“, die unberührt von den geschilderten gesellschaftlichen Problemen leben könnten. Im Gegenteil. Eltern müssen ständig reagieren: auf Chancen und Risiken der Arbeitswelt, der Medien, der Schule, der Konsumgesellschaft, auf Umweltprobleme und andere politische, moralische und soziale Fragen unserer Tage. Das Gute ist: sie *müssen* nicht nur, sie *können* auch wirklich reagieren. Je besser Eltern über Gefahren und deren Möglichkeiten, sie zu bannen, informiert sind, je klarerer sie sich ihrer Werte bewußt sind, desto besser können sie für sich und ihre Kinder agieren. Desto besser wird es ihnen möglich sein, trotz allem, ihre Kinder zu liebenswerten und lebenstüchtigen Menschen heranreifen zu lassen und über sie und mit ihnen glücklich zu sein.

Wert-voll Erziehen

Dazu bedarf es einer „Wert-vollen" Kinderstube. Auf zwei Ebenen, einer emotionalen und einer normativen.

Die emotionale Wertvermittlung

Mit der emotionalen Ebene ist alles Gefühlsmäßige gemeint, Atmosphäre und Beziehungen innerhalb der Familie. Aus gutem Grund sind die Begriffe „Erziehung" und „Beziehung" eng miteinander verwandt.

Gelingende Erziehung ist auf gelungene Beziehung angewiesen. Auf Beziehungen, in denen ein Kind sich als wertvoll erlebt, weil es sich angenommen, ernstgenommen, geborgen und geliebt weiß. Unabhängig davon, ob es Junge oder Mädchen, das Älteste oder Jüngste, schulisch ein Selbstläufer oder eher ein Sorgenkind ist.

In den vorangegangenen Kapiteln ist ja schon einiges über diese emotionalen Grundbedingungen von Familie gesagt worden. Ergänzend soll hier noch auf mögliche unbewußte elterliche Botschaften hingewiesen werden, die bei Kindern unter Umständen das Gefühl hinterlassen, eben doch nicht wirklich wertvoll zu sein.

So sind z. B. Vergleiche alles andere als hilfreich. Äußerungen, wie „Deine Schwester hat aber eine schönere Schrift" oder „Hansi konnte in Deinem Alter schon längst alleine einkaufen ..." haben keinerlei anspornende Wirkung. Auch völlig unauffällige Sätzchen, die vermutlich jedem von uns immer wieder unterlaufen, haben es in sich: „Vorsicht, Du wirst Dir gleich wehtun!" „Du stehst wohl wieder auf der Leitung" und ähnlich ermutigende Sätze sind gefährlich. Sie verunsichern und entmutigen: Wem nichts zugetraut wird, der traut sich auch selbst nichts zu. *Abwertende* Botschaften sind sehr nachhaltig: Sie wirken sich später, so die Psychologin van Laak, allzu oft als „Self-Fullfilling Prophecies" aus. Denn das entstandene negative Selbstbild führt zu negativen Erfahrungen, die der Betroffene wiederum als Bestätigung seines unglücklichen Selbstkonzeptes verbucht. Ein schwer zu durchbrechender Teufelskreis, da er oft schon durch „authentisches", d. h. oft unbedachtes und gefühlloses Daherreden betrieben wird: Wie die verspätet eintreffende Mutter, die in Anwesenheit ihres etwa zehnjährigen Sohnes erklärte, zwei Kinder habe sie problemlos im Griff gehabt, aber seit auch noch diesen Jüngsten hätte, komme sie ständig zu spät und die Arbeit bliebe liegen und ... Vielleicht wollte sie sich nur für ihre Unpünktlichkeit entschuldigen. Was der Kleine jedoch hörte, war, daß er seit immerhin 10 Jahren ein Störfaktor ersten Ranges sei im Leben seiner ohne ihn offenbar glücklicheren Mutter. Eine verheerende Botschaft für Selbstwertgefühl und Lebensfreude dieses Jungen.

„Störe ich?"

Um wie viel besser wäre es um ihn und viele andere Kinder bestellt, wenn Eltern stattdessen von klein auf mit aufwertenden Botschaften Stolz und Liebe signalisieren würden. Jedes, auch das mühsamste Kind, hat seine Stärken. Kinder sollten mit dem Gefühl aufwachsen können, sie seien einzig und allein deshalb auf dieser Welt, weil wir, die Eltern, nicht länger ohne sie hätten leben wollen. Diese herrliche Antwort gab der heilige Vinzenz von Paul auf die Frage eines jungen Mannes, warum er überhaupt von Gott geschaffen worden sei: „Weil Gott nicht länger ohne Dich leben wollte." Nie hörte ich eine schönere Begründung für unsere Existenz!

Die emotionale Werteerziehung liegt sozusagen in der Luft, will sagen an der Atmosphäre einer Familie. Je mehr wir uns dessen bewußt werden, je deutlicher wir uns zu einer solchen Wertschätzung entscheiden, desto „Wert-voller" kann unsere Atmosphäre werden.

Die normative Werterziehung

Auf den ersten Blick geht es bei der normativen Erziehung gezielter zu. Denn gemeint sind alle Normen, d. h. Regeln, Maßstäbe, Gebote und Verbote, die in einer Familie üblich sind; all das, was Eltern verbieten oder erlauben, was sie an Tugenden und Haltungen einfordern.

Die allermeisten Eltern wollen ihre Kinder zu höflichem, ehrlichem Umgang und zu gewissenhaftem, ordentlichen Arbeiten erziehen, so das Allensbach Jahrbuch 2002. In der Tat ist die Familie unersetzlich als „Übungswiese" dieser und anderer *Tugenden,* wie Hilfsbereitschaft, Pünktlichkeit, Fleiß und Anpassungsfähigkeit. Wo sonst, wenn nicht in der Gemeinschaft einander eng verbundener Menschen, sollte dies gelernt und eingeübt werden.

Aber Vorsicht! Auf den zweiten Blick zeigt es sich, daß auch die genannten Tugenden nicht einfach lehr- oder befehlbar sind. Auch sie sind angewiesen auf die jeweilige Familienkultur, die unseren Alltag prägt.

Nicht die Ohren, sondern die Augen unserer Kinder sind das entscheidende Einfallstor für unsere erzieherischen Botschaften. Was wir tun, nicht was wir sagen, nehmen Kinder wahr. Auf das Vorbild kommt es also an.

So müssen wir, wenn uns „ehrlich sein" eins der wichtigsten Erziehungsziele ist, selbst wahrhaftig sein. Klingelt das Telephon und wir rufen sofort: „Sag, ich bin nicht da!", dann untergraben wir nachhaltig die Wahrheitsliebe unserer Kinder, die sie zumindest in ihren frühen Jahren geradezu detailversessen an den Tag legen.

Eins dieser wahrheitsliebenden Kinder teilte eines Tages einem wildfremden Anrufer mit, Vater hätte Verstopfung, es könne noch etwas dauern, bis er ans Telephon käme.

Auch das schlechte Beispiel zählt … manchmal

In Ausnahmefällen gibt es offensichtlich auch den umgekehrten Weg der Tugendvermittlung: das schlechte Beispiel. Unsere Kinder sind pünktlich. Vermutlich, weil sie immer wieder die Folgen meiner Unpünktlichkeit auszubaden hatten, bzw. haben. Ich hasse diesen Mißtand vermutlich selbst am meisten, tröste mich aber mit der Beobachtung, daß unpünktliche Mütter ihre Kinder anscheinend zu pädagogischer Umsicht befähigen. Unsere Jüngste ist jedenfalls dazu übergegangen, mich 15 Minuten vor der geplanten Abfahrt darauf hinzuweisen, daß es jetzt an der Zeit wäre, meine Brille, meine Handtasche und/oder den Geldbeutel zu suchen und nicht zu vergessen, auf die Toilette zu gehen …

Auch die Vermittlung *familiärer Fertigkeiten,* wie Geschwister hüten, so vorhanden, Kochen, Wäschepflege, Ordnung und Sauberkeit gehören zur normativen Erziehung. Wurden Kinder früher, speziell älteste Töchter, mit Hausarbeit und Geschwisterbetreuung überfordert, so ist heute häufig das Gegenteil der Fall. Ein großer Teil der Jugendlichen beendet das Schulleben, ohne je eine warme Mahlzeit bereitet, je warmes, kleines Leben im Arm gehalten, je einen Kranken gepflegt, oder gar einem Sterbenden beigestanden zu haben. Studenten und Wehrpflichtige – volljährig und wahlberechtigt – bringen ihre Wäsche jahrelang zu Mama, die brav ihre Dienste fortsetzt …

Wir tun unseren Kindern keinen Gefallen, wenn wir ihnen zu Hause keinerlei Verantwortung übertragen. Im Kapitel drei wurde dazu schon einiges gesagt. Ein Gedanke sei noch hinzugefügt: Eine Kindheit im Schongang führt zu vorprogrammierten Eheproblemen, bei Jungen wie Mädchen.

Eheprobleme mangels Erziehung

Eltern, die ihre Söhne nicht zu regelmäßiger, selbstverständlicher Mitarbeit im Haushalt erziehen, produzieren die Paschas und Machos der nächsten Generation. Sie legen damit den Keim künftiger Eheprobleme ihres kleinen Prinzen. Irgendwo las ich den klugen Satz: Mütter sollten ihre Söhne so erziehen, daß ihre späteren Schwiegertöchter sie alleine deswegen lieben.

Ich habe eine solche Schwiegermutter und ich liebe sie. Nicht nur, aber auch, weil mein Mann, ist er zu Hause, sich an allen anfallenden Hausarbeiten selbstverständlich beteiligt. Jahrelang machte er sich sein Abendessen klaglos selbst, weil ich zum Zeitpunkt seiner Rückkehr meist noch ins Zu-Bett-Bringen verstrickt war und nach 20 Uhr beim Wörtchen „Küche“ sowieso kurz davor war, allergische Schübe zu erleiden.

Wie wichtig partnerschaftliches Verhalten auf Seiten des Mannes ist, zeigt die Scheidungsursachenforschung. Nach der Geburt des ersten Kindes sinkt in Deutschland die Partnerschaftszufriedenheit; denn die traditionelle Rollenaufteilung, die sich mit einem Kind häufig wieder einstellt, führt oft zu großer Unzufriedenheit bei den Müttern. Hier sind die Ehemänner gefragt. Nur sie können die Situation entschärfen durch verläßliche und erhebliche Mitarbeit, zumal bei einer Doppelbelastung der Mutter durch Familie und Beruf. Bereitschaft und Fähigkeit erwirbt „Mann“ am besten im Kindesalter.

Auch Mädchen dürfen nicht verschont werden. Denn ahnungslos und ungeschickt in einen eigenen Haushalt zu schlittern, kann schnell zu Überforderung und Re-

signation führen. Vor allem dann, wenn das Deutsch-Lesebuch solche Texte geboten hat:
„Du machst Betten, Du flickst Hosen, schindest dich im Küchendampf.
Alles das für ein Almosen – Frauen auf zum Klassenkampf!"
Wie selbstverständlich familiäre Aufgaben inzwischen verächtlich gemacht werden, zeigt folgende Werbung. Eine bildhübsche junge Braut in jungfräulich weißem Ornat mit dazugehörigem Schleier im Kreise der gerührten Familie. Eigentlich ein sehr romantisches Bild, wären da nicht zwei kleine, irritierende Details. Mit hocherhobenem „Stinkefinger" streckt das bräutliche Wesen die Zunge heraus. Darunter steht zu lesen: „Ich und kochen? Ich lasse kochen!" Von der Tiefkühlkostfirma XY, selbstredend.
Hier wird ziemlich dummdreist ein Wert lächerlich gemacht, der angesichts so vieler emotional unterkühlter Familien gar nicht hoch genug eingeschätzt werden kann: das wärmende Herdfeuer.
Immer schon war es ein Symbol für Schutz, Leben und Liebe. Zu Recht. Was passiert, wenn es verlöscht, weil es niemand mehr hütet – in Deutschland finden in den meisten Familien der Ballungsgebiete nur noch ein oder zwei gemeinsame Mahlzeiten pro Woche statt – zeigen uns die Klagen von Kindergärtnerinnen und Lehrern. Sie berichten von Kindern, die an gemeinsame Mahlzeiten nicht gewöhnt, sich davon geradezu bedrängt fühlen und aggressiv reagieren. Von immer mehr Kindern, die morgens ohne Frühstück in die Schule kommen und spätestens ab der dritten Stunde extreme Konzentrationsschwierigkeiten haben, wegen Hungers oder Fehlernährung. Von Kindern, die während des langen Wochenendes keine einzige warme Mahlzeit bekommen und sich Montag Mittag wie aus-

Wenn die Feuer erkalten …

gehungert in KiTa, Schule oder Hort auf ihren Teller stürzen. Das Erschreckende daran ist, daß es sich hier keineswegs nur um Kinder aus sozial schwachen Familien handelt, mit deren katastrophalen Lebensbedingungen wir uns anscheinend schon abgefunden haben. Sondern auch um den „Normalfall". Um materiell gut situierte Familien, in denen die Eltern auf Grund der ganztägigen Berufstätigkeit beider keine Zeit mehr finden für derartige „Zeitfresser" wie das Einkaufen frischer Zutaten, Kochen und Decken eines einladenden Tisches und der anschließenden „Aufräumungsarbeiten". Folglich auch keine Zeit mehr, zum Zuhören, Mitfreuen, Trösten, Mahnen und Erzählen. Wieviel kindliche Einsamkeit und Verlorenheit steckt hinter einer kaltgewordenen Küche. Von den sich häufenden gesundheitlichen Problemen der mit Fertigkost oder Fastfood abgefütterten Kinder ganz zu schweigen.

Regelmäßige, gemeinsam eingenommene Mahlzeiten sind für die familiäre Werterziehung offenbar unersetzlich.

Bei den gewalttätigen Rassenunruhen in Los Angeles 1993 sprach der ermittelnde Generalstaatsanwalt von einem „sozialen Supergau", der sich in der amerikanischen Gesellschaft „schleichend vollzogen habe". Er begründete das harte Wort des sozialen Supergaus mit der Tatsache, daß $^{2}/_{3}$ der Jugendlichen, schwarze wie weiße, die vor seinem Richtertisch gelandet waren, noch nie eine einzige Mahlzeit mit ihren Eltern eingenommen hatten. In der sich hier zeigenden Auflösung von Familie sah er die Hauptursache des Werteverlustes und der damit einhergehenden Gewaltbereitschaft.

Familie als Weltanschauungsgemeinschaft

Das schleichende Verschwinden gemeinsamer Mahlzeiten aus dem Familienleben und der damit verbundenen „Familienarbeit“ ist in der Tat eins der Symptome für die Auflösung der Familie als „Weltanschauungsgemeinschaft“. Eine der wichtigsten Funktionen von Familie für die Gesellschaft und darüber hinaus für Zusammenhalt und Wohlbefinden der Familie, so die Soziologin Renate Köcher.

Mit familiärer Werteerziehung ist nämlich nicht nur die Vermittlung von Tugenden und Fertigkeiten gemeint. Es geht auch um die Vermittlung weltanschaulicher Grundsatzpositionen, politischer, religiöser, moralischer und sozialer Art. Um die sogenannten Grundwerte wie Achtung der Menschenwürde, Recht des Menschen auf Leben, Freiheit, Gerechtigkeit und Solidarität. Dies klingt eher abstrakt, betrifft aber unseren Alltag ebenso lebenspraktisch wie die oben genannten Tugenden und Fertigkeiten.

Nach den ihnen wichtigsten Erziehungszielen Höflichkeit, Ehrlichkeit und gewissenhafte Arbeit nennen Eltern mehrheitlich noch Durchsetzungsvermögen, Toleranz, Menschenkenntnis, Sparsamkeit und gesunde Lebensweise. Alle angegebenen Ziele sind jedoch nicht Werte im eigentlichen Sinn. Sie sind wertneutrale persönliche Fähigkeiten, die man für unterschiedliche Zwecke einsetzen kann. Beispiel: Ein Mann wie Osama Bin Laden hat vermutlich durchaus höfliche Umgangsformen; ehrlich ist er auch; verhehlt er doch keineswegs seinen Haß gegen die westliche Welt. Seine „Arbeit“, wie z. B. die Planung des Attentats vom 11. September 2001, war ordentlich und gewissenhaft, sonst wäre sie nicht so „erfolgreich“ gewesen. Auch seine Menschenkenntnis ist offenbar stark ausgeprägt; gibt es doch bisher keine Verräter in seinem näheren Umfeld. Ebenso ist Sparsamkeit kein Wert an sich; es kommt darauf an, was man mit dem angesparten Geld machen will; die Finanzierung terroristischer Umtriebe unterscheidet sich nicht unerheblich etwa vom Bau von Schulen für Slumkinder in der dritten Welt.

Auf das Menschenbild, auf die Weltanschauung kommt es also an, für die Kinder eines Tages ihre Fähigkeiten einsetzen. Ausschließlich für das eigene, materielle Fortkommen? ... für rechts- oder linksradikale Bewegungen oder eine Sekte? ... zum Wohl der Gesellschaft, für demokratische Parteien, Kirche, Verbände, Lebensrechtsgruppen, Greenpeace ...?

Die meisten Familien blenden jedoch weltanschauliche Wertefragen aus. Dies merkt man daran, daß sie laut „Kinderwelten 2002“ und dem Allensbacher Jahrbuch 2002 sich mehrheitlich aus den folgenden Bereichen der Erziehung heraushalten:

- aus der Wahl der Lektüre ihrer Kinder (63 %)
- aus der Wahl der Fernsehsendungen und Videos (50 %)
- aus den Freundschaften ihrer Kinder (73 %)
- aus der Ausprägung politischer Anschauungen (71 %) und
- aus dem Erwerb religiöser Überzeugungen (80 %). Teils aus Unfähigkeit, teils aus Bequemlichkeit,

nicht selten in der irrigen Annahme, es sei tolerant, das Kind sich hier alleine Geschmack, Meinung und Urteil bilden zu lassen.

Halten Eltern sich derart zurück, lehren Werbung, Medien und die Straße ihren Kindern, wie diese Welt angeschaut werden soll: Das Glück des Menschen hängt an materielle Dingen; Geld und Macht, also das Recht des Stärkeren regiert die Welt und in den Beziehungen von Mann und Frau ist sexuelle Attraktivität das entscheidende Kriterium. Auch das ist „Weltanschauung"; denn Weltanschauung ist nicht bloß das Wissen um „die letzten Dinge", sondern ebenso die erlebten Rangordnungen, die Lebensgestaltung einer Gesellschaft.

Wie nehmen wir die Welt wahr?

Wollen Eltern ihre Kinder stattdessen in Werte einführen, die sie nicht nur glücklicher, sondern unsere Gesellschaft, ja unseren ganzen Planeten „bewohnbarer" machen, dann müssen sie sich sehr wohl einbringen: sie müssen ein Auge auf die Freunde haben, auf Lektüre, Fernseh- und Videokonsum und Computerspiele. Wer weiß schon, daß ein Teil der militaristischen Computerspiele entwickelt wurde, um die Tötungshemmungen amerikanischer GIs abzubauen? Eltern müssen auch in den aktuellen politischen Fragen ihre Meinung äußern, und Antworten geben oder neu suchen auf die Sinnfragen des Lebens.

Sinnsucher

Kinder sind Philosophen. Sie wollen den Dingen auf den Grund gehen. Ihr unermüdliches „Warum" zeigt, daß sie hinter allem einen Sinn vermuten. Es muß doch einen tieferen Grund geben, warum Wasser nass und Feuer heiß ist; Gutes immer schlecht und Schlechtes immer gut schmeckt, Mütter nicht auf Eiern brüten und selbst beim 6. Kind noch immer kein Kaninchen produzieren.

Es muß doch einen Grund geben, warum Maxi Maxi und nicht Julie ist; Und überhaupt: Wer hat die Tage gemacht und wann sind sie alle? Was macht Opa, wenn er mal tot ist? Wer hat der Sonne den Weg gezeigt, und was passiert, wenn sie ihn eines Tages vergißt? Warum erlaubt der liebe Gott Menschen, böse zu werden, warum ändert er sie nicht einfach?

Sinnfragen ernst zu nehmen und zu beantworten, bzw. dort, wo wir übertragt sind, nach einer Antwort zu suchen, ist entscheidend für ein gelingendes Leben.

Wird auf solche Fragen nicht eingegangen, schließt das Kind, sie seien nutzlos und unbrauchbar. Es verlernt, „metaphysisch" zu denken (meta heißt wörtlich: nach, hinter). Es verlernt „nach" zu denken, hinter die Natur, hinter die Kulissen, in die Tiefe und in die Höhe schauen zu wollen. Damit verlernt es aber, Mensch zu sein, ganzheitlich Mensch zu sein. Denn Sinnfragen sind spezifisch menschliche Fragen. Nur der Mensch kann sie stellen und hat sie seit Menschengedenken gestellt. Der Mensch ist als einziges Wesen dieser Welt auf Sinn verwiesen, um glücklich zu sein. So sehr, daß er unter Umständen sogar die Kraft zu leben verliert, wenn ihm das Leben sinnlos wird …

Es gibt nicht nur das, was wir sehen, hören …

Woher kommt der Mensch? Wohin ist er unterwegs? Wie und Wozu soll er leben? Dies sind die entscheidenden Wertefragen. Denn die jeweiligen Antworten geben Auskunft über Wert und Aufgabe des Menschen, über den Sinn des Lebens.

- Ist er Zufallsprodukt einer für ihn blinden Evolution, dann gibt es in der Tat keinen Grund, warum Liebe besser als Haß, warum Egoismus nicht doch die bessere, weil erfolgreichere Einstellung sei, warum Materielles nicht das Wichtigste sein sollte.

- Ist er ein Wesen, das seinen Wert aus dem Kollektiv bezieht, dann gibt es auch keinen Grund, warum der Einzelne nicht für die Interessen der Massen oder der Rasse geopfert werden könnte, wie dies in den beiden großen Ideologien des vergangenen Jahrhunderts geschah.
- Sind die Menschen aber Kinder eines Vaters, der Himmel und Erde aus Liebe geschaffen hat, dann hat jeder Mensch gleiche Würde und gleiche Rechte. Kinder des selben Vaters, haben Verantwortung für einander. Und eine große Zukunft, ewige Zukunft.

Sinnfinder

Diese Antworten haben offenbar in hohem Maße sinn- und identitätsstiftende Wirkung. Jedenfalls stellten dies die Demoskopen in den letzten Jahren immer wieder fest. Denn Jugendliche und junge Erwachsene aus christlich erziehenden Elternhäusern haben ein deutlich positiveres Persönlichkeitsprofil als ihre weltanschaulich „neutral“ aufgewachsenen Altersgenossen (Allensbach Wertestudie, Schmidtchen Studie, Shell und IBM-Studien).

Rein materiell ausgerichtete junge Leute leben unter dem Diktat einer Konsumgesellschaft, die Mode, Wünsche und Bedürfnisse festlegt. Wer sich ihr unterwirft, ist total fremdbestimmt und folglich innerlich unsicher. Denn das Risiko, plötzlich „out“ zu sein, ist allgegenwärtig. Mode, Meinungen, Trends, Szenen, Cliquen, Discos, die heute „in“ sind, können morgen schon total „uncool“ sein. Dazu kommt die alte Wahrheit: Jeder erfüllte Wunsch bekommt sofort „Junge“. Unzufriedenheit ist also vorprogrammiert, wenn Haben und nicht Sein unser Leben bestimmt. So erstaunt

Mode ist oft Sklaverei

es nicht, wenn junge Menschen ohne eine weltanschauliche Prägung im engeren Sinn, laut Allensbach, überwiegend „Ich-schwach, ängstlich, verführbar, mißtrauisch und egoistisch“ sind.
Junge Christen dagegen haben, so die verschiedenen Untersuchungen, ein deutlich ausgeprägteres Selbstbewußtsein, größeres Vertrauen, sicherere Urteilskraft. Sie sehen mit größerem Optimismus in die eigene, wie gesellschaftliche Zukunft, und legen einen deutlich aktiveren sozialen Gestaltungswillen als die Vergleichsgruppe an den Tag. Dazu äußern sie überdurchschnittlich oft eine große Berufszufriedenheit. Vermutlich, weil die meisten, so Allensbach, nach einem Beruf Ausschau halten, der ihnen die Möglichkeit gibt, „Nützliches für die Allgemeinheit zu tun“. Auch empfinden sie überdurchschnittlich oft ihre Familie als glücklich.
Dieses unglaublich positive Persönlichkeitszeugnis der Demoskopie für junge Christen mag manche verblüffen. Gilt es nicht als ausgemacht, die Kirche mit ihrer verklemmten, strengen Moral erzöge den Menschen zu Duckmäusertum, Obrigkeitsgläubigkeit und Weltfremdheit? Und, so der nächste Vorbehalt, schickt man junge Menschen nicht wie Schafe unter die Wölfe, wenn man sie zu christlicher Nächstenliebe erzieht? – Das Gegenteil ist der Fall. Und dies hat seinen guten Grund:

Vom Glück des Glaubens

Der christliche Glaube hat wunderschöne, starkmachende Antworten auf die entscheidenden Fragen unseres Lebens.

Auf die Fragen nach unserem „Woher“ und „Wohin“, „Wie und Wozu“ auf dieser Welt.
Die Antworten lauten in Kurzform: Wir entstammen der Liebe Gottes. Er hat uns, als seine Kinder – und

Kinder ähneln bekanntlich ihren Eltern – zur Liebe berufen und befähigt, damit wir uns in der Liebe einüben, um ihm, der die Liebe und das Leben ist, am Ende unserer Tage, „von Angesicht zu Angesicht" begegnen können. Woher wir das wissen? Von Jesus, dem menschgewordenen Antlitz Gottes.

Kinder fragen nach dem Weg

Ich habe es immer als großes Glück empfunden, unsere Kinder in diesem Welt- und Menschbild erziehen zu können. Selbstbewußtsein, Geborgenheit und Sinnerfahrung schenkt das Wissen, nicht ein unbedeutendes Sandkörnchen inmitten eines uns eventuell zermalmenden Weltgetriebes zu sein, sondern Kind des allmächtigen Vaters, Schöpfer des Himmels und der Erde, in dessen Händen unsere Herkunft, unsere Gegenwart und unsere Zukunft geborgen sind, trotz und in allem Leid.

Die Werte, die diesem christlichen Menschenbild entstammen, sind die Grundwerte unserer Kultur: Freiheit und Würde der Person, Gerechtigkeit und Solidarität, Verantwortung und Toleranz.

Sinngeber

Dummerweise lassen sich auch diese Werte nicht weitergeben wie ein Teller Suppe. Auch vererben sie sich nicht einfach, weder durch unseren Genpool, noch durch Windbesamung; und sie lassen sich nicht lehren wie das „Ein mal Eins". Gänzlich zwecklos wäre es denn auch, das Kind neben sich auf das Sofa zu bitten, ihm tief in die Augen zu blicken und gewichtige Worte zu sprechen, wie etwa: „Die Würde des Menschen ist unantastbar; alle Menschen sind gleich, welchen Geschlechts, welcher Abstammung, Rasse, Sprache, Heimat und Herkunft, wessen Glaubens, religiöser oder politischer Überzeugung sie auch sein mögen."

Dies sind zwar die Grundlagen unserer Demokratie, aber wir könnten uns schon glücklich schätzen, wenn der Sprößling überhaupt das Ende unseres Vortrages abgewartet hätte, bevor er in den Tiefschlaf, zum Eisschrank oder ans Handy geflohen wäre.

Der ganz normale Alltag

Auch Witze sind diskutabel

Erzählt uns aber ein Kind beim Essen einen menschenverachtenden Juden- oder Türkenwitz, dann können wir völlig ungestelzt und situationsangemessen reagieren und begründen, warum wir das nicht lustig finden sondern ganz im Gegenteil abgestoßen und alarmiert darüber sind, daß Menschen schon wieder in wertvolle und minderwertige Kategorien eingeteilt werden, und sei es nur im Witz.

Wertbewußtsein entwickelt sich an konkreten Erfahrungen und Erlebnissen der Kinder. Kennen wir diese aber nicht, können wir sie auch nicht werten. Kinder sind spontan. Sie wollen das, was sie beschäftigt, sofort an den Mann, bzw. an die Frau bringen; was nicht „jetzt" erzählt werden kann, ist später vergessen oder wird mit anderen geklärt. Kinder warten nicht, bis die Eltern ihnen ihre „Qualitätszeit" schenken …

Bei unseren Mittagessen kam nicht nur der Auflauf frisch auf den Tisch: „Mami, Mareike und Mathias (beide 17) dürfen zusammenziehen, die Eltern zahlen ihnen eine gemeinsame Wohnung! – ? – !" „Der Relilehrer hat gesagt, in Deutschland ist ein Einschläferungsmittel jetzt für den Menschen patentiert worden; wieso soll das eigentlich schlecht sein, wenn einer große Schmerzen hat?"; daraufhin der Jüngste: „Lutz hat gesagt, Beten sei zwecklos, seine Oma ist gestorben, obwohl er für sie eine Kerze angezündet hat." Wertfragen satt, Essen kalt, Orientierung angeboten.

Gespräche

Kinder wollen und müssen wissen, wes Geistes Kind wir sind. Vor allem die Größeren. Immer und immer wieder sollten wir mit den größer werdenden Kindern das Gespräch suchen. Akzeptieren wir etwa kommentarlos ihre Bravo-, Girl-, und Playboylektüre, dann machen wir uns mitschuldig daran, wenn nicht sie Herr ihrer erwachenden Sexualität werden, sondern eine primitive Vorstellung davon. Jugendliche mit ihrer stürmischen körperlichen Entwicklung ohne klare Wertorientierung alleine zu lassen, kommt mir so vor, als stelle man ihnen einen Porsche, den Schlüssel im Anlasser, vor die Haustür. Unweigerlich werden sie damit verunglücken. Freilich reicht es nicht, sie ausschließlich vor den beiden gefährlichsten „Unglücksfällen", nämlich vor AIDS und einem Kind zu warnen, wie es der schulische Sexualkundeunterricht tut. Von uns müssen sie hören, was für ein kostbares Geschenk ein Kind ist und wie ehrfürchtig und respektvoll wir deshalb mit dieser lebensspendenden, lustvollen Kraft in uns umgehen müssen. Von uns müssen sie hören, daß unsere Sexualität schön und glücksträchtig ist, wenn sie als Kraft der Liebe und des Lebens gelebt wird.

Wo weder Liebe gemeint ist, noch neues Leben verantwortet werden kann, ist es schlicht falsch, sexuelle Beziehungen einzugehen. Wer Lieben lernen will, lernt dies nicht im Bett, sondern in der Einübung von Selbstdisziplin, Treue und Verbindlichkeit.

Mit Idealisten diskutieren

Jugendliche haben häufig hehre Ideale. Allen Umfragen nach zählt Liebe und Treue heute wieder klar dazu. In diesen Idealen müssen wir sie bestärken und ihnen helfen, sie zu verwirklichen. Auch dann, wenn uns dies heiße Diskussionen einträgt. Die theoretische Wertschätzung von Liebe und Treue nützt herzlich wenig, wenn zu früh eingegangene sexuelle Beziehungen in der Praxis zu immer neuen Geschlechtspartnern führen.

Gerade die Diskussionsfreude der Heranwachsenden bietet uns natürliche Möglichkeiten weltanschaulicher Orientierungshilfen: z. B. in den Fragen nach einem „gerechten Krieg", nach Wehrdienst oder Zivildienst, Abtreibung, künstlicher Befruchtung, Leihmutterschaft, Gentechnik, Euthanasie, Drogenpolitik, aber auch Globalisierung und Entwicklungshilfe, um nur einige der die Jugendlichen beschäftigende Themen zu nennen. Auch wenn wir nicht bei allem eine Antwort haben und schon gar nicht einer Meinung sind, so ist das gemeinsame Suchen und Ringen eine Antwort ganz eigener Art: Du bist mir ein wichtiger Gesprächspartner; deine Fragen und Argumente sind auch für mich relevant. Solch Diskussionskultur einer Familie ist ein wichtiger Bestandteil der Erziehung zur Demokratie.

Apropos Demokratie. Einerseits garantiert sie die Freiheit des Einzelnen; andererseits ist sie darauf angewiesen, daß der Bürger sie nicht ausschließlich *aus*nutzt, – nach dem Motto, „der Staat ist eine Kuh, die im Himmel gefüttert und auf Erden gemolken wird" – sondern sie zum Wohl der Allgemeinheit *nutzt*. Wollen wir unsere Kinder zu Demokratie, Gerechtigkeit und Solidarität erziehen, dann sollten sie an uns lernen können, daß es nicht nur um „Freiheit *von* ..." sondern auch um „Freiheit *zu* ..." geht. Also darum, unsere Freiheit *von* Unterdrückung, Bevormundung, Armut u.a. zu nutzen *zu* politischem, wirtschaftlichem und sozialem Engagement: im Beruf, in der Nachbarschaft, in Schule, Vereinen und Verbänden, in der kirchlichen und staatlichen Gemeinde, in Parteien, auf Kreis-, Landes- oder Bundesebene. Nicht jeder kann alles und alles hat seine Zeit. Aber jeder hat Talente, die gehoben werden wollen, zur eigenen und anderer Leute Freude.

Erzählte und gedruckte Geschichte(n)

Eine Kultur der Bücher

Wertebewußtsein entwickelt sich auch durch Märchen, Legenden, Weisheitserzählungen, überlieferte Geschichte des jeweiligen Kulturkreises, gute Kinderbücher und natürlich die Bibel. Hier tut sich für Eltern ein weites Feld auf. Wo gibt es denn noch Geschichtenerzähler und Erzählanlässe in einer Familie? Audiovisuelle Medien haben die Rolle von Großeltern und Eltern übernommen, gemütliche Abende finden „vor der Glotze“ statt.

Lebendige Eltern contra „tote Medien“? Wenn es sich nicht gerade um „Wetten daß ...“ oder „Versteckte Kamera“ handelt, stehen unsere Chancen nicht schlecht: Denn Erzählungen aus unserer Schul- und Ausbildungszeit, der beginnenden Liebe, die unruhigen Jahre der 68er, aus dem Leben der Großeltern, die Zeit des Krieges, Flucht und Vertreibung faszinieren alle Kinder. Und sie festigen, so belegen soziologische Studien, den Familienzusammenhalt und die Wertorientierung der Kinder.

Nicht nur Erzählen, auch Vorlesen ist eine Form der Werterziehung. Es ist geradezu eine „Allzweckwaffe“. Zunächst emotionaler Art: sich an den warmen, weichen Leser lehnen zu können, steigert den Hörgenuß. Dabei stellt das Kind eine ganz einfache Rechnung auf: Wer mir vorliest, hat Zeit für mich. Wer Zeit für mich hat, liebt mich. Wenn ich geliebt werde, bin ich wertvoll.

Kognitiver Art: weil Kinder Vorlesen genießen, ist alles, was zwischen Buchdeckeln steht, zunächst positiv besetzt. Auch werden sie so schnell wie möglich selbst lesen lernen wollen. Beides ein nicht zu unterschätzender Vorteil für das Schulleben. Zahlreiche Studien der letzten Jahre, zuletzt die OECD-Lesestudie bestätigen: Leseratten haben bessere Noten. Lesen kann sogar soziale Unterschiede ausgleichen. Denn Kinder aus schwachen sozialen Verhältnissen, die viel lesen, sind bessere Schüler als Büchermuffel aus gebildeten, wohlsituierten Familien.

Noch ein Tip zum Thema Vorlesen. Nicht zu früh damit aufhören! Vorlesen, bis das Kind selbst zu einem verläßlichen Bücherleser geworden ist! Überlassen wir es zu früh seiner eigenen „Leselust", wird es die Welt der Bücher womöglich nie entdecken.

Weltanschaulicher Art: Gute Kinderbücher erweitern und vertiefen die „Weltanschauung“ ihrer Leser. Die Kinder schauen in die Welt des Helden. Seine Welt wird ihre Welt, seine Werte werden ihre Werte. An den Büchern von Astrid Lindgren läßt sich gut veranschaulichen, welch wertbildende Kraft Bücher für unsere Kinder haben können. Ihre Bücher singen das „Hohe Lied der Liebe“ auf Familie und Schöpfung. Damit beantworten sie die Sehnsucht der Kinder nach Schönheit, Harmonie und Sicherheit, ihren Wunsch, das Gute siegen zu sehen und sich auf die „großen Leute“ verlassen zu können. Es geht nicht darum, Kindern eine heile Welt vorzugaukeln, sondern darum, ihr Bedürfnis nach Liebe und Sicherheit aufzugreifen und ihnen Mut und Lust auf dieses Leben zu machen, statt ihr Vertrauen von vorne herein zu untergraben und ihnen die Hoffnung auf Glück und Sinn endgültig zu nehmen. Das gilt besonders dann, wenn sie in schwierigen Verhältnissen leben.

Für die Größeren sind Klassiker wie die Narnia-Bände von C. S. Lewis, die Werke von Erich Kästner, George McDonald, Tolkien oder die Bücher heutiger Autoren wie Willi Fährmann, Tillmann Röhrich, Judith Kerr, Michael Ende und Cornelia Funke eine sprudelnde Quelle von Spannung, Humor, Wissen und – zwischen den Zeilen- von Werten. Sie erleben Geschichte als Zeit lebendiger Menschen mit ihren Schwächen und Stärken, Macht oder Ohnmacht gegenüber dem Lauf der Dinge. Lesen kann ihr Interesse an Geschichte und Politik wecken, so daß sie sich später mit aktivem Interesse am politischen Geschehen beteiligen und nicht so leicht zu Opfern der schrecklichen Vereinfacher von Rechts oder Links werden.

Die Qual der Wahl

Der Kinderbuchmarkt ist inzwischen so reichhaltig und unübersichtlich, daß Eltern gut daran tun, im Laden voraus zu lesen und/oder bis „ins hohe Alter“ vorzulesen. Letzteres hat große Vorteile: Die abendliche Vorlesestunde vertieft die Gemeinschaft von Eltern und Kind und sie gibt Eltern die Chance, ihre Werte einzubringen, bzw. das Buch abzulehnen, wenn ihnen etwas gar zu „spanisch“ vorkommt.

Musterkandidaten unter den Büchern, die besser vorgelesen, mindestens aber mitgelesen werden sollten, sind meines Erachtens die mancherorts umstrittenen Harry-Potter-Bücher. Einerseits fesseln und erfreuen sie – auch Erwachsene – durch Spannung, Humor, Sprachspiele und ihre zwischen den Zeilen mitklingenden, positiven Botschaften: Liebe ist stärker als der Tod; wer das Böse aus Angst nicht beim Namen nennt, ebnet ihm den Weg; Feigheit, Wegschauen, Verrat und Opportunismus befördern totalitäre Regime.

Harry Potter vorlesen!

Andererseits sind die Bücher, vor allem der bislang letzte, der vierte Band, teilweise so furchterregend und mit okkulten Anklängen versehen, daß Vorlesen, bzw. Mitlesen durchaus angesagt ist. Nur so können wir auf Ängste und eventuelle okkulte „Versuchungen“ eingehen. Im übrigen tut man gut daran, den Rat der Autorin zu beherzigen: Der Leser sollte nicht jünger sein als der Held des jeweiligen Bandes. Bleibt zu hoffen, daß Rowling in den nächsten Büchern Grausamkeit und dunkle Elemente nicht steigert und bei der großen Linie bleibt: Das Böse ernst zu nehmen und das Gute siegen zu lassen.

Nicht alles, was ein Kinderbuch ist, ist gut

Bücher sind wichtig, Bücher sind gefährlich

Manche Kritiker lehnen Rowlings Bücher aus den obengenannten Gründen ab. Dies halte ich für übertrieben. Dennoch ist Wachsamkeit angebracht. Ihre hervorragend geschriebenen, aber vom esoterisch-okkulten Zeitgeist angehauchten Bücher dürfen nicht zum Einstieg werden in diese auch unter den Kinderbüchern weitverbreitete, gefährliche Literaturgattung. Kinder müssen vor dem Sog magischer Praktiken und der damit verbundenen psychischen Gefährdungen bewahrt werden. Denn der Versuch, die uns von der Schöpfung gesetzten Grenzen zu überschreiten, führt allzu oft in Unfreiheit, zu irrationalen Ängsten, nicht selten sogar zu Suizidgefahr. Er verstellt auch den Blick auf Gottes gute Schöpfung und seine Liebe. Von der Paulus, als habe er es genau auf unseren Zusammenhang gemünzt, sagt, daß uns nichts, wirklich gar nichts von ihr trennen kann: „weder Tod noch Leben, weder Engel noch Mächte, weder Gegenwärtiges noch Zukünftiges, weder Gewalten der Höhe noch der Tiefe, noch irgendeine andere Kreatur“ (Röm 8,38) Und weil das so ist, ist jeder andere Weg angeblich erlösenden, heilenden oder bevollmächtigenden Wissens ein Irrweg, ein gefährlicher noch dazu.

In der Jahrgangsstufe unseres Sohnes hatte sich eine Mitschülerin in okkulten Praktiken verloren. Sie war so abhängig geworden, daß sie nur noch aus dem Haus und in die Schule ging, wenn die „Sterne“ und ihre Tarot-Karten dies zuließen. Weil volljährige Schüler sich selbst Entschuldigungen schreiben dürfen, wußten die Eltern, vielbeschäftigte Ärzte, monatelang nichts vom Schuleschwänzen ihrer Tochter. Auch blieb ihnen verborgen, in welche Welt sie hineingeraten war. Erst als sie von solchen Angstzuständen heimgesucht wurde, daß sie das Haus überhaupt nicht mehr verließ, bemerkten die Eltern die merkwürdige Veränderung ihrer Tochter. Sie suchten bei der Diözesan-Sektenberatungsstelle Hilfe. Das Kind konnte nach monatelanger Therapie wieder den Schulbesuch aufnehmen, die Mutter folgte dem Rat, nur noch vormittags in die Praxis zu gehen. Daß das Abitur sich um ein Jahr verschob, war sicher noch eine der harmloseren Folgen dieser Tragödie.

Märchen

Im Gegensatz zu manch heutiger Fantasy-Literatur haben die meisten klassischen Märchen klare, freimachende Botschaften: Glück läßt sich nicht erzwingen, so erzählt die Geschichte von Frau Holle. Es stellt sich von alleine ein, wenn wir uns selbstvergessen einer Sache (Äpfel, Brote, Betten) oder einer Person widmen, um ihret-, nicht um unseretwillen. Andere Märchen, in denen der Kleinste und anscheinend Dümmste die Prinzessin bekommt, machen unseren „Däumlingen" Mut. Auch sie werden eines Tages, so steht es zwischen den Zeilen, die Aufgaben des Lebens meistern. Voraussetzung ist nicht Cleverness und hochfahrendes Selbstbewußtsein, sondern Achtsamkeit und Ehrfurcht vor dem Kleinen und Unscheinbaren. Im Märchen vom Rumpelstilzchen erfahren die Kinder, wie wichtig es ist, Dinge und Personen beim Namen nennen zu können. Solange die Königin Rumpelstilzchens Namen nicht kennt, bleibt sie ohnmächtig und Rumpelstilzchen mächtig. Es kann sich ihr nähern und sich ihr entziehen, ganz wie es will.

> Bücher lesen heißt
> wandern gehen in ferne
> Welten, aus den Stuben
> über die Sterne.
>
> Jean Paul

Märchenkenner haben manchmal die erstaunlichsten Einsichten: Im Religionsunterricht wird die Geschichte vom brennenden Dornbusch besprochen. Gott „verrät" Moses seinen Namen (Ex 3,1–14). Plötzlich murmelt einer der Schüler nachdenklich: „Eigentlich toll, daß Gott nicht ist wie Rumpelstilzchen.“ Gelächter. Nachdenkliches Schweigen. Zustimmung: Ja, toll. Ein Gott, der erreichbar sein will. Der „angerufen“ werden will. Noch dazu mit einem wunderschönen, väterlichen Namen: „Ich bin der ‚Ich bin da'“. Worte von Eltern beim nächtlichen Aufschreien ihres Kindes: „Hab keine Angst. Ich bin da.“

Konsumerziehung – Maßhalten der Sinne

Solche Nachdenklichkeit wie die des kleinen Märchenkenners gilt es den Kindern zu bewahren. Sie brauchen offene Augen, offene Ohren und ein offenes Herz. Also Achtsamkeit, Behutsamkeit, Mitgefühl und Empfindsamkeit. Faszinierend, daß der Neurologe Gerald Hüther genau diese Haltungen zu den Grundbedingung für eine optimale Entwicklung und Nutzung des menschlichen Gehirns zählt.

Gelingt uns diese Erziehung zu Achtsamkeit, Behutsamkeit, Mitgefühl und Empfindsamkeit, dann werden unsere Kinder nicht „nur“ liebenswert und liebesfähig, sondern auch noch intelligent und lebenstüchtig.
Wer wollte das nicht? Voraussetzung dafür ist, sich gegen die ständige Betäubung unserer Sinne zu stemmen und täglich gegen den Strom der Konsumgesellschaft zu schwimmen.

Bilderdiät

Laut „Kinderwelten 2002" sitzen bereits fast 50 % der 6 bis 13jährigen zwei bis drei Stunden täglich vor dem Fernseher. Dies hat fatale Folgen: Schon ab einer Stunde täglich scheint sich die Gewaltbereitschaft zu erhöhen, so eine New Yorker Langzeitstudie. Gott sei Dank reagiert nicht jedes Kind gleich; dennoch gilt: intensiver Fernsehkonsum, also mehr als eine bis anderthalb Stunden täglich führt zu seelischer und geistiger Abstumpfung. Kinder mit eigenem Fernseher im Zimmer sitzen bis zur 12. Klasse 15.000 Stunden in der Schule, aber 18.000 Stunden vor dem Fernseher. In diesen 18.000 Stunden haben sie nicht gespielt, nicht gelesen, sich nicht bewegt, nicht gearbeitet, mit niemandem gesprochen, nicht selbstständig gedacht, nicht musiziert, nicht geschrieben; nur konsumiert. Selbst bei den harmlosesten Inhalten wäre es für sie verlorene Zeit, in körperlicher, mitmenschlicher und intellektueller Hinsicht. Vom Gift der Gewalt, der Sexualisierung aller Lebensbereiche, der Perversionen menschlicher Beziehungen, ganz zu schweigen.

Fernsehen und Gewalt

Eltern können diese wildgewordene Bilderflut nur eindämmen und ihre Kinder vor Schäden an Leib, Seele und Geist bewahren, wenn sie die Kinder zur Freiheit, also zur Unabhängigkeit von diesem Medium erziehen. Dabei geht es nicht um Totalverzicht, sondern um Einübung eines verträglichen, ja förderlichen Maßes. Bedingung hierfür ist:

1. schonungslose Bestandsaufnahme des Fernsehkonsums in der Familie. Sehen Kinder alleine oder mit Eltern mehr als eine bis anderthalb Stunden pro Tag fern, müssen die Gewohnheiten geändert werden.
2. Auf jeden Fall nur einen Fernseher im Haus haben. Am besten dort, wo Mutter oder Vater immer die Kontrolle haben.

3. Das Programm vorher aussuchen. Länge der Sendungen ausrechnen, klare Zeitvorgaben einhalten. „Logische Folge“ der Überschreitung: am nächsten Tag entsprechend kürzere Fernsehzeit.
4. In der Regel gemeinsam fernsehen. Der Familienrat, also die Versammlung von Eltern und Kindern, bei gleichem Stimmrecht aller, regelt beispielsweise Freitagabend die Reihenfolge der Erfüllung von Programmwünschen für die nächste Woche. Dies kommt nach anfänglichem Gezeter dem Familienzusammenhalt zugute. Vor allem der Samstagabend kann so zu einem echten Familien-Event werden, versüßt mit Haribo oder anderen Köstlichkeiten. Dann werden sich auch die Größeren öfter einfinden, statt einsam vor der Stereoanlage ihrem Weltschmerz nachzuhängen oder regelmäßig in die Disco zu flüchten.
5. Kein Fernsehen während der Mahlzeiten. Sonst berauben wir uns der wichtigsten Nachrichten- und Wertebörse.
6. Kein Fernsehen bei Besuch. Ein Gast ist immer mehr wert als jedes Programm.
7. Den Fernseher nicht als Babysitter einsetzen. Vorlesen ist besser. Ist dies nicht möglich, sind Kassetten die sehr viel bessere Alternative. Vorsicht: Kleine Kinder haben einen anderen Aufnahme- und Denkrhythmus. Sie sind nicht auf Abwechslung aus, sondern lieben Gründlichkeit. Also: kein Überschwemmen der Klein- und Kindergartenkinder mit einer Vielzahl von Kassetten oder Videofilmen. Kinder dieses Alters lieben es, die Geschichten immer und immer wieder anzuhören und anzusehen. Das gibt ihnen Sicherheit im Verständnis und Möglichkeit der Verarbeitung. Sie profitieren auch sprachlich durch die Möglichkeit, nach

und nach den Text wörtlich mitzusprechen und wiederzugeben.

8. Niemals Fernsehen oder Videos zur Belohnung für erfüllte Pflichten oder gute Schulleistungen, schon gar nicht als Bestechungsmittel einsetzen. Dies erhöht den Stellenwert des Mediums bei den Kindern.

Manche dieser Maßnahmen mögen Eltern auf den ersten Blick anstrengend erscheinen. Aber schon bald werden sie merken, daß sich das Familienleben positiv verändert. Eltern und Kinder kommen sich wieder näher, sie wissen mehr voneinander, der Umgangston wird zugewandter, Kinder kreuzen freiwillig zum Helfen auf, erzählen mehr, sie lernen konzentrierter, und Eltern entdecken wieder, wie schön es sein kann, mit den Kindern zu spielen, zu toben, zu bauen, zu radeln, Tischtennis zu spielen ... und, nicht zu vergessen, zu arbeiten.

Geräusch- und Reizhygiene

Gegen die Innenweltverschmutzung

Es gibt nicht nur Umwelt- sondern auch eine „Innenweltverschmutzung“, z.B. durch eine unaufhörliche Geräuschkulisse. In den meisten Haushalten läuft den ganzen Tag mindestens ein Radio, sehr oft auch noch der Fernseher. Selbst an vielen Arbeitsstellen tönt fortwährend Musik aus dem Lautsprecher. Beim Essen hält uns das Mittagsmagazin auf dem Laufenden, im Auto gilt der erste Handgriff nicht dem Gurt, sondern dem Radio. Zu Hause dröhnt sogar bei den Schulaufgaben aus jedem Zimmer eine andere Musik. Kein Wunder, daß in vielen Familien gereizte Stimmung herrscht, werden doch unsere Sinne beständig überreizt. Folglich versucht sich unser Nervenkostüm vor der Reizüberflutung zu schützen: es stumpft ab, reagiert wie betäubt. Der Mensch aber sehnt sich danach, lebendig

zu sein, sich zu spüren, und das Leben mit anderen zu teilen. Deswegen sucht er beständig nach neuen Reizen, um sich überhaupt noch spüren zu können. Die Folge: Die Musik wird noch lauter, Spielfilme spannender, brutaler und angsterregender, Partys zahlreicher und exzessiver, das Einkaufen suchtartig, die Sportarten immer riskanter, die Urlaubsziele immer ferner und teurer. Ein Teufelskreis.
In diese Spirale sich ständig steigernder Reize werden unsere Kinder mit hinein gezogen. Und weil sie jung und abenteuerlustig sind, fällt es ihnen noch schwerer als Erwachsenen, innerlich unabhängig zu bleiben und die äußeren Angebote und Ablenkungen kritisch zu sichten. Leicht bleibt dabei die Achtsamkeit auf der Strecke. Und mit der Achtsamkeit geht auch die Achtung verloren, vor sich und dem anderen, vor dem Wert des Lebens und dem Wert der Dinge.
Daher ist „Reizhygiene“, also teilweiser Konsumverzicht angesagt, auch für Eltern. Albert Schweitzer hat einmal gesagt: „Das gute Beispiel ist nicht nur eine Möglichkeit der Erziehung, es ist die einzige.“

Wir müssen uns Ruheräume und Ruhezeiten verordnen, wie etwa Aufstehen ohne Radiowecker, vor allem Einschlafen ohne ihn, Mahlzeiten ohne Radiobegleitung, fernsehfreie Abende oder wenigstens Stunden.

Auch Einkaufsgewohnheiten sind überprüfenswert; wird eingekauft, wenn man etwas braucht, oder um eine innere Leere auszufüllen?

Achtsamkeit

Achtsame Menschen verspüren keine innere Leere. Sie leben in Beziehung mit sich, mit der Welt, mit den Menschen. Achtsamkeit heißt, Menschen und Dinge, die Schönheit der Natur mit wachen Augen zu sehen; das Glück wahr zu nehmen, in Frieden leben zu dürfen, bekleidet und satt zu sein, ein Dach über dem Kopf zu haben. Achtsamkeit heißt, auf die innere Stimme zu hören; ihr Unbehagen, ihre Unruhe als Warnung verstehen; innere Ruhe dagegen als Zustimmung für den gewählten Weg erkennen. Christen haben das große Glück zu wissen, wem sie diese innere Stimme, die jeder Mensch in sich trägt, zu verdanken haben. Achtsamkeit heißt für sie daher auch, nicht nur mit sich, sondern auch mit Gott in Beziehung zu sein, in wacher Dankbarkeit für all das, was das Leben ausmacht, und in dem Bemühen Gottes Willen für das eigene Leben zu erkennen.

> Unachtsamkeit beispielsweise ist eine Haltung, die nicht viel Hirn beansprucht ... Achtsamkeit ist eine ganz wesentliche Voraussetzung für eine andere, vorausschauendere Art der Benutzung des Hirns.
>
> Gerald Hüther

Achtsame Eltern können Kindern zu Unabhängigkeit von den Konsumdiktaten der Umwelt verhelfen; zu einem verantwortungsvollen und glücklichmachenden Gebrauch ihrer Freiheit.

Maßhalten im Überfluß

Auch dieser Erziehungsauftrag des verantwortungsvollen Gebrauchs der Freiheit ist nur in „kleinen Münzen“ abzugelten. Es fängt damit an, nicht jedes kleinste Unbehagen der Kinder wie ein sich ankündigendes Hunger- oder Durstgefühl, Langeweile oder Müdigkeit, diffuses Bauch- oder Kopfweh sofort durch „Genußmittel“ verschiedenster Art zu betäuben; das Dauertee-

fläschchen schon bei den Kleinsten, später Süßigkeiten, Fernseher, Kassetten, Videos Computerspiele, Gameboy ... Nur mit wachen Sinnen bewahren Kinder die Fähigkeit, sich nach etwas zu sehnen, sich zu freuen, dankbar zu sein, zu staunen und so neugierig, wissensdurstig und unternehmungslustig zu bleiben, wie sie geboren werden.
Süßigkeiten sollten die Ausnahme sein, z. B. zur Verschönerung des samstäglichen Familien-Events. Dann bleiben sie eine Freude und werden nicht mit gereiztem Unterton eingeklagt, wenn die Mutter versehentlich das Nachfüllen der Schüssel im Wohnzimmer vergessen hat.

In einer Zeit vollster Läden und überbordender Möglichkeiten müssen wir oft künstlich einen Mangel herstellen, damit Kinder nicht maßlos, unbescheiden und fordernd werden.

Wer zu Nikolaus ein Mountainbike erhält und zu Weihnachten einen Computer, kann sich im nächsten Jahr eigentlich nur noch über einen Hubschrauber freuen ...
Wer dauernd ein Lieblingsgericht bekommt, weiß bald nicht mehr, was er sich wünschen soll. Wird es aber besonderen Gelegenheiten vorbehalten, wie Geburtstag, Namenstag, letzter Ferientag, Mathe Eins und Englisch Fünf, trotz Lernens versteht sich, dann bleibt es ein Lieblingsgericht; köstlich, duftend, tröstlich oder Festtagsstimmung verbreitend.
Mit Geschenken verhält es sich genauso. Sie bedürfen geheimnisvoller Unsicherheit: „ob es wohl neue Rollerscates gibt? Ob sie nicht doch zu teuer sind oder die Eltern schon etwas anderes haben?" „Bestellen" im Katalog, mittels Ankreuzen des Gewünschten, schürt da-

gegen Unzufriedenheit und Anspruchshaltung. Gelungene Überraschungen sind Liebesbeweise. Sie zeigen, daß Eltern die Wünsche ihrer Kinder kennen oder, mehr als das, sie besser als sie selbst kennen. Für meinen Mann ist bis heute „die Bismarck“, ein Schiffsmodell aus Pappe zum Zusammenkleben, das schönste Weihnachtsgeschenk geblieben. Ihm hätten die Eltern damals nicht deutlicher zeigen können, wie gut sie ihn kannten und liebten.

Geschenke zeigen Nähe

Konsumbewußtsein ist auch in Sachen Mode, Handy, Ghettoblaster, Stereoanlagen, Walk- und Discman angebracht. Kommen uns Kleidungsstücke gar zu häßlich, zu aufreizend oder zu teuer vor, dann ist ein klares „Nein“ im Moment zwar ärgerlich, aber auf die Dauer gesehen für unser Kind förderlicher. Der Hinweis, wenn es dieses oder jenes unbedingt haben wolle, so könne es ja dafür sparen, hat unseren Kindern z. B. den Walkman erspart. So wichtig war er ihnen dann doch nicht, um eigenes Geld dafür auszugeben. Bei Markenkleidung, Schuhen, Brillenfassungen u.ä. hat sich folgende Regel bewährt: Eltern zahlen den Normalpreis; was die „Marke“ darüber hinaus kostet, müssen die lieben Kleinen selbst zahlen. Je nach Eitelkeit und Selbstbewußtsein reist eine solche Regelung tiefe oder eben keine Löcher in den jugendlichen Geldbeutel. Nur dadurch lernen sie, mit Geld umzugehen und sich zu überlegen, was ihnen das erwünschte Objekt wert ist.

Zeit ist Liebe

Betrachtet man all die genannten Felder elterlichen Engagements etwas genauer, dann stellt man fest, daß Zeit haben, bzw. sich Zeit nehmen, eine der wichtigsten Voraussetzungen für eine gelingende Erziehung ist. Sicher stellen die verschiedenen Phasen unserer Kinder unterschiedliche Anforderungen an Quantität und Qualität von „Elternzeit". Brauchen Säuglinge und Kleinkinder fast den ganzen Tag Zuwendung, so nimmt der Zeitaufwand ab Kindergartenalter bis zur Schulentlassung kontinuierlich ab. Die Qualität der „Elternzeit" sollte jedoch umgekehrt proportional dazu steigen. Denn die Fragen der Kinder, ihre Aktionen, ihr Spielraum und die von uns geforderten Entscheidungen werden immer gewichtiger.

Ich glaube nicht, daß der in einer Studie des Bundesfamilienministeriums angegebene, durchschnittliche Zeiteinsatz von Eltern für ihre 12- bis 16jährigen Kinder deren Bedürfnissen gerecht wird: 20 Minuten pro Tag seitens der Mütter, 6 Minuten seitens der Väter. Dies ist schlicht zu wenig. Selbst wenn die gesellschaftlichen Rahmenbedingungen es uns schwer machen, genügend Zeit für unsere Kinder zu haben, so ist es doch an uns, eine Wertentscheidung zu treffen. Der alte Spruch „Zeit ist Geld" verrät uns. Er zeigt, für wie wertvoll wir unsere Zeit halten. Unsere Kinder übrigens auch. Befragt nach ihren Wünschen oder ihrer Kritik an der genossenen Erziehung, antworten sie auf beide Fragen mehrheitlich: „mehr Zeit der Eltern für ihre Kinder". Auf Kinder gemünzt, sollten wir den Spruch „Zeit ist Geld" umwandeln in „Zeit ist Liebe".

Zeit ist Liebe

Diese Wahrheit im Ohr könnte es uns erleichtern, uns auch auf unbequeme Zeitbedürfnisse einzustellen. Nicht nur Kleinkinder können uns die Nachtruhe kosten. Aus unerfindlichen Gründen erreicht die Diskussionsfreude älterer Jugendlicher erst ab 23 Uhr ihr wahres Ausmaß. Vorher sollte man nicht ins Bett gehen. Manch Liebeskummer, manch schmerzhafte Krise, ja Katastrophe im Freundeskreis bleibt uns verborgen, sind wir dort, wo es uns mit Macht hinzieht:

im Bett. Auch die Austragungsorte solcher Diskussionsrunden sind eher unwirtlich: der zugige Hausflur, die offene Toilettentür, am Treppengeländer … Freilich sind wir Eltern dabei nie nur die Gebenden, sondern sehr oft auch die Beschenkten. So manche Diskussion über Wehr- oder Zivildienst, Wohlstandsgesellschaft und Entwicklungshilfe ließ mich mit Hilfe unserer Kinder z. B. die im Alltag erfolgreich verdrängte Radikalität des Evangeliums wiederentdecken.

Zuwendung und Widerstand

So anstrengend diese Auseinandersetzungen auch sein mögen, sie eröffnen uns die Möglichkeit, den Kindern das zu schenken, was sie in diesem schwierigen Alter theoretisch ablehnen und doch so notwendig brauchen: Erstens Zuwendung, also unser Interesse an ihrem Leben. Zweitens, wenn nötig, Widerstand. Sie brauchen ihn, um sich ihrer eigenen Position klar zu werden und die Kraft ihrer und unserer Argumente und ihr Durchsetzungsvermögen zu erproben. Drittens Orientierung. An unserem Widerstand können sie ablesen, wie wertvoll uns der in Frage stehende Wert ist.

Wir hatten einmal eine stundenlange Diskussion mit unserer 17jährigen Ältesten. Wieder einmal zwischen Tür und Angel, – ein Standort, der herrlich unverbindlich ist, Eile signalisiert und den Rückzug erleichtert – teilte sie mit, sie würde sich morgen mit Freunden einen modernen Jesusfilm ansehen. Aus der Zeitung wußten wir, daß dieser Film mit einer Bettszene von Jesus mit Maria von Magdala endet. Da wir nicht wollten, daß sich diese Bilder bei ihr festsetzten und sich womöglich immer dann meldeten, wenn sie auf den Gekreuzigten blicken und beten wolle, baten wir sie, nicht mitzugehen. Die halbe Nacht standen wir in der offenen Küchentür und diskutierten, wann man sich Gefahren und Risiken zumuten und wann man sie sich besser ersparen sollte. Ob es Dinge und Personen gäbe, die so heilig und wertvoll seien, daß es an Verrat grenze, deren Verunglimpfung „interessehalber" anzusehen. Wir erfuhren, daß wir ängstlich, spießig, eng, ohne Kunstverstand, kurz altmodisch und ahnungslos seien und baten sie doch immer wieder, sich diesen Film nicht anzutun. Gegen zwei Uhr Morgen fielen schließlich die erstaunlichen Worte: „Wenn es Euch so wichtig ist, warum verbietet ihr es mir nicht einfach?" Um endlich ins Bett zu kommen, waren wir inzwischen zu fast allem bereit; warum nicht auch zu einem altmodischen, einfachen Verbot bei einer fast 18jährigen Tochter? Also: „Nein". Nach einigen Wochen fragte ich, so beiläufig wie möglich, ob es sehr schwer gewesen sei, als einzige nicht mitzugehen. Verlegen grinsend erzählte sie, ein Mitschüler habe nach der Erklärung, ihre bescheuerten Eltern hätten es ihr verboten, gesagt: „Hast du´s gut. Meinen Eltern ist es schon lange egal, was ich tue." Eine der ganz seltenen Sternstunden für Eltern ...

Zu müde – zu allem bereit

„Siebzehn Jahre ist kein Alter, sondern eine Krankheit", so lautete aus gegebenem Anlaß ein Stoßseufzer meiner Mutter. Heute bricht diese „Krankheit" sehr viel früher aus, aber sie gehört heute wie damals nicht nur zu den Kinderkrankheiten, die vorüber gehen, sondern auch zu denen, die nötig sind, um Widerstandskräfte für später zu sammeln. Kinder wie Eltern brauchen diese manchmal schmerzhaften Auseinandersetzungen, um sich in die anstehende Ablösung voneinander einzuüben. Unterbleiben solche Ablösungsprozesse, werden die einen nie erwachsen und die anderen werden nie lernen loszulassen.

Also, all die Anstrengung, all die Opfer an Zeit, das Zurückstellen eigener Interessen, all die Zuwendung und Zärtlichkeit, um uns eines Tages überflüssig zu machen? – Ja, genau!

Unsere Aufgabe ist es, unseren Kindern ein Nest zu bereiten, in dem ihnen Flügel wachsen können; ihnen eventuell sogar einen kleinen Schubs vom Nestrand zu geben, damit sie sehen, daß die Flügel tragen; ihnen einen inneren Kompaß mitzugeben, mit dessen Hilfe sie sich die Wege suchen zu ihrem und anderer Menschen Glück.

Dann bleiben wir zurück; ärmer und doch so reich geworden durch unsere Kinder, die uns das Leben neu gelehrt haben.

Erziehung ist keine Einbahnstraße

Erziehung ist keine Einbahnstraße. Auch wir Eltern wachsen in unserem Menschsein. Denn das Erleben eines kleinen Wesens, das uns auf Gedeih und Verderb ausgeliefert ist und uns bedingungslos vertraut, lockt unsere besten Seiten hervor. „Meine Mami weiß alles, und mein Papi kann alles", so ein kleines Nachbarkind im Brustton der Überzeugung. Wer wollte solches Vertrauen enttäuschen? Gelingende Erziehung ist immer ein Geben und Nehmen, ein gemeinsames Entfalten der jeweiligen Persönlichkeit. Kinder rufen Fähigkeiten in uns ab, die in der Arbeitswelt allzu leicht verkümmern. Durchsetzungsvermögen, Sachlichkeit und knappe Ausführungen dort, hier Einfühlungsvermögen, Phantasie und üppiges Erzählen. Dort Rationalisierung, Effizienzdenken und präzise Einzelanalyse, hier zweckfreies Spielen, Zeithaben, ganzheitliches Staunen über das Wunder Welt. Kritik und die altersgemäße Schwarzweißmalerei der Jugend lassen uns die eigentlichen Fragen des Lebens neu bedenken.

Der Schriftsteller Jean Paul hat einmal gesagt: „Mit einer Kindheit voller Liebe kann man ein halbes Leben hindurch für die kalte Welt haushalten." Und ich füge hinzu: Mit einem Leben „voller" Kinder erwärmt sich auch die zweite Hälfte des Lebens, ja die kalte Welt.